サクッとわかる

ビジネス教養

サッカーの経済学

平田竹男 監修

早稲田大学大学院スポーツ科学研究科教授

元・日本サッカー協会専務理事

新星出版社

はじめに

巨大なお金が動くプロサッカーを経済学的見地から分析する

本書は経済学的見地からサッカーを分析した画期的な本です。

クラブ経営にどのぐらいのお金がかかり、選手や監督はいくらもらっているのか。日本代表クラスの選手と、Ｊ３の選手ではどのぐらい差があるのか。移籍金とはどういう仕組みなのか。スタジアムの建築費や維持費はどうなっているのか。スタジアムはサッカー専用のもので十分ペイできるか。スタジアムは誰が所有しているのか。

また、チケット代はわれわれファンやサポーターにとって適切な金額か。フロントはどのような仕事をしているのか。代表強化にまでつながる、Ｊクラブのアカデミー戦略とはどういうものか。また、ＩＴ企業が球団経営に参画する傾向のなか、ファンのサッカー観戦のあり方もどのように変わっていくのか……。

比較対象は海外にも及びます。欧州ビッグクラブでは日本とはケタ違いの金額で、すべてが動いています。そのからくりはどこにあるのか。特に金のなる木と言われるのが、ヨーロッパチャンピオンズリーグ（ＣＬ）です。

現在多くの日本人選手がＣＬに出場していますが、過去にはどんな選手がいたのか。一方、ＦＩＦＡはどこまで儲けているのか。今後のワールドカップがどう変わっていくのか。そして、どうしたら日本代表がワールドカップで目標を達成できるか……。

本書では、こうしたサッカーファンが感じる素朴な疑問を、Ｑ＆Ａの形でイラストやデータをできるだけ多く交えて解説しています。

サッカーにはスポーツを超えた魅力があります。サッカーを知ることで世界を知る、国際政治を知る、世界の経済を知る、一方で地方を知る。だからこそ、サッカーのプレーだけではなくサッカーの奥深さ、広がりを知ってほしいのです。

本書を読んで、サッカーの新たな魅力を知っていただければ嬉しいですし、最終的にサッカー界のさらなる発展への一助になれば幸いです。

平田竹男

【目次】

第2章 スタジアム所有のコストと収入

第3章 フロントがチーム強化のために行うマネジメント

第4章 サッカーの最高峰 欧州5大リーグ

第5章 これからのビジネスモデル

第6章 ワールドカップは世界最大のスポーツビジネス？

◆STAFF
編集／佐藤裕二、渡邉亨（株式会社ファミリーマガジン）
執筆・執筆協力／佐藤裕二、水野春彦
イラスト／上西淳二
DTP／山下真理子（株式会社ファミリーマガジン）

カタールW杯の総視聴者数は2620億人以上！

設立から30年！躍進を続けるJリーグ

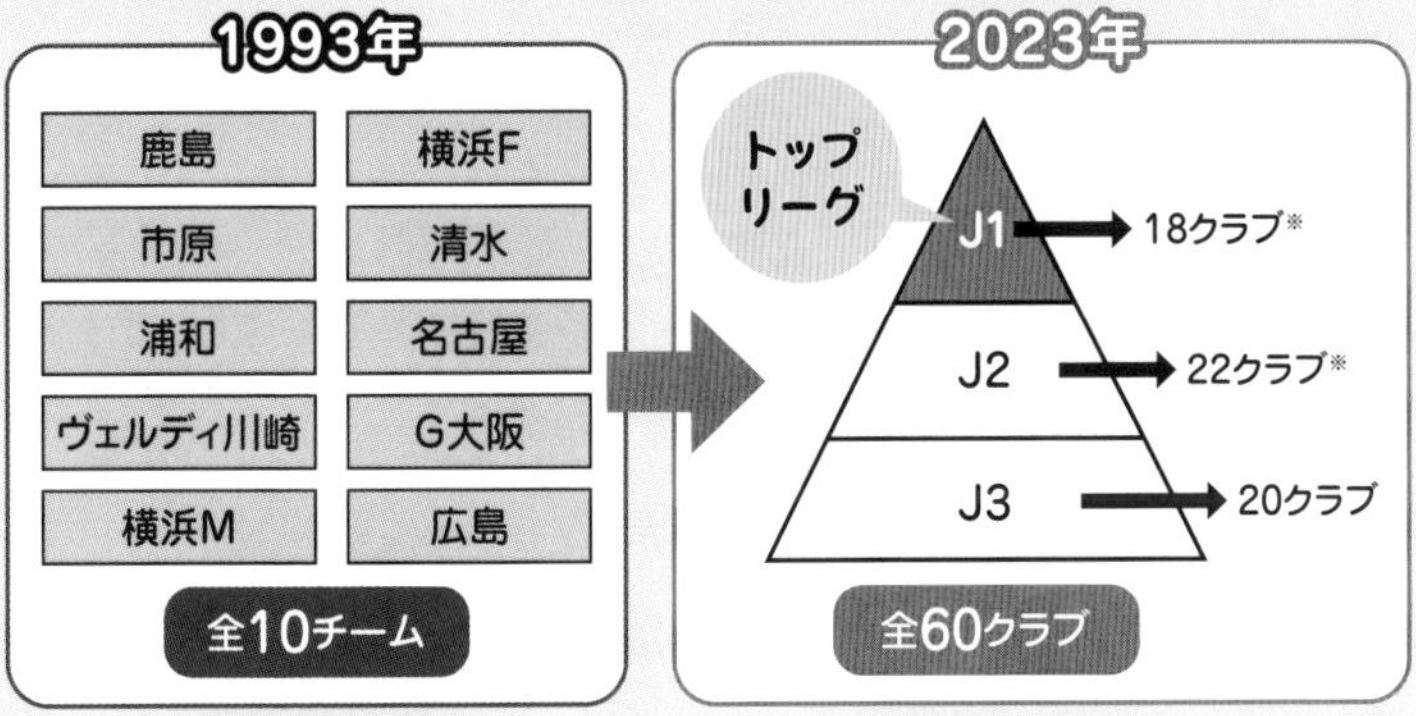

※J1とJ2は2024シーズンから各20クラブになる

サッカービジネスの仕組みとは？

サッカーはグローバルなスポーツです。たとえば、２０２２年のカタールＷ杯の総視聴者数は世界で２６２０億人以上です。そうしたサッカーをワールドワイドなビジネスとして捉えたとき、その全容を把握している人はコアなファンの中でも少ないでしょう。プロサッカーにおけるクラブ経営はどのようなものなのでしょうか？

欧州5大リーグはJリーグと

世界最高峰のプレミアリーグの収入規模はJリーグの約7倍!?

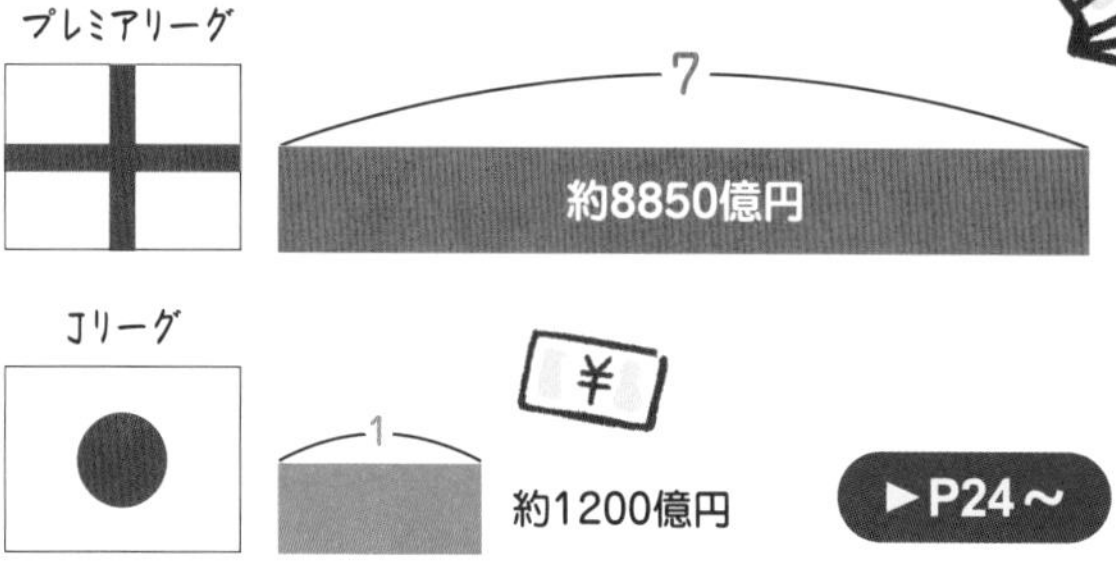

►P24〜

5大リーグのトップスターの年俸は数百億円！

►P16〜

欧州5大リーグでは選手の移籍で数百億円規模のお金が動く！

►P20〜

かつて日本のサッカー界にはプロリーグがありませんでした。Jリーグが発足したのは今から30年前です。当時はW杯に出ることすら夢の夢でしたが、2022年のカタール・ワールドカップではドイツ、スペインというW杯優勝経験国を撃破するという快挙を成し遂げました。しかし、サッカービジネスの

ビジネスのスケールが段違い!?

5大リーグのビッククラブは自前のスタジアムを持つ！

►P72～

►P105～

プレミアリーグの放映権収入は日本の約60倍の約5220億円！

UEFAチャンピオンズリーグ（CL）の賞金はW杯を軽く凌駕！

►P116～

規模に関しては、100年以上もの歴史を誇る欧州のリーグ、特にプレミアリーグ（イングランド）、ラ・リーガ（スペイン）、ブンデスリーガ（ドイツ）、セリエA（イタリア）、リーグ・アン（フランス）の5大リーグには大きく水を開けられたままです。欧州5大リーグとJリーグのビジネスの違いとはどのようなものなのでしょうか？

経営者目線で考えるサッカービジネス

プロサッカークラブの経営は、単なるサッカー好きでは務まりません。限られた予算の中でいかに効率よくチームを強化して、ブランド力を高め、より多くのファンにスタジアムに来てもらうか。サッカーをビジネスとして捉えるこうした視点を持つことで、日本を含む世界のサッカーの新たな一面が見えてくるでしょう。

第1章

選手とクラブ経営

2022年のカタールワールドカップで強豪国のドイツとスペインを撃破して、決勝トーナメントに進出した日本の選手の大半は海外で活躍する選手でした。そうした日本選手や、メッシやロナウド、ネイマールなどの海外のスター選手の年俸はどれくらいなのでしょうか？

Q1
question

プロサッカー選手になったらいくら稼げる?

サッカー選手は儲かるのか?

メッシやロナウドといった世界最高峰の選手はどのくらい稼いでいるのでしょうか。また、カタール・ワールドカップで大活躍した今がまさに旬のプレミアムリーグ所属の三笘薫の年俸とは? ＪリーグのＪリーグの選手とＮＰＢ(プロ野球)の選手ではどちらが稼げるかも気になるところです。

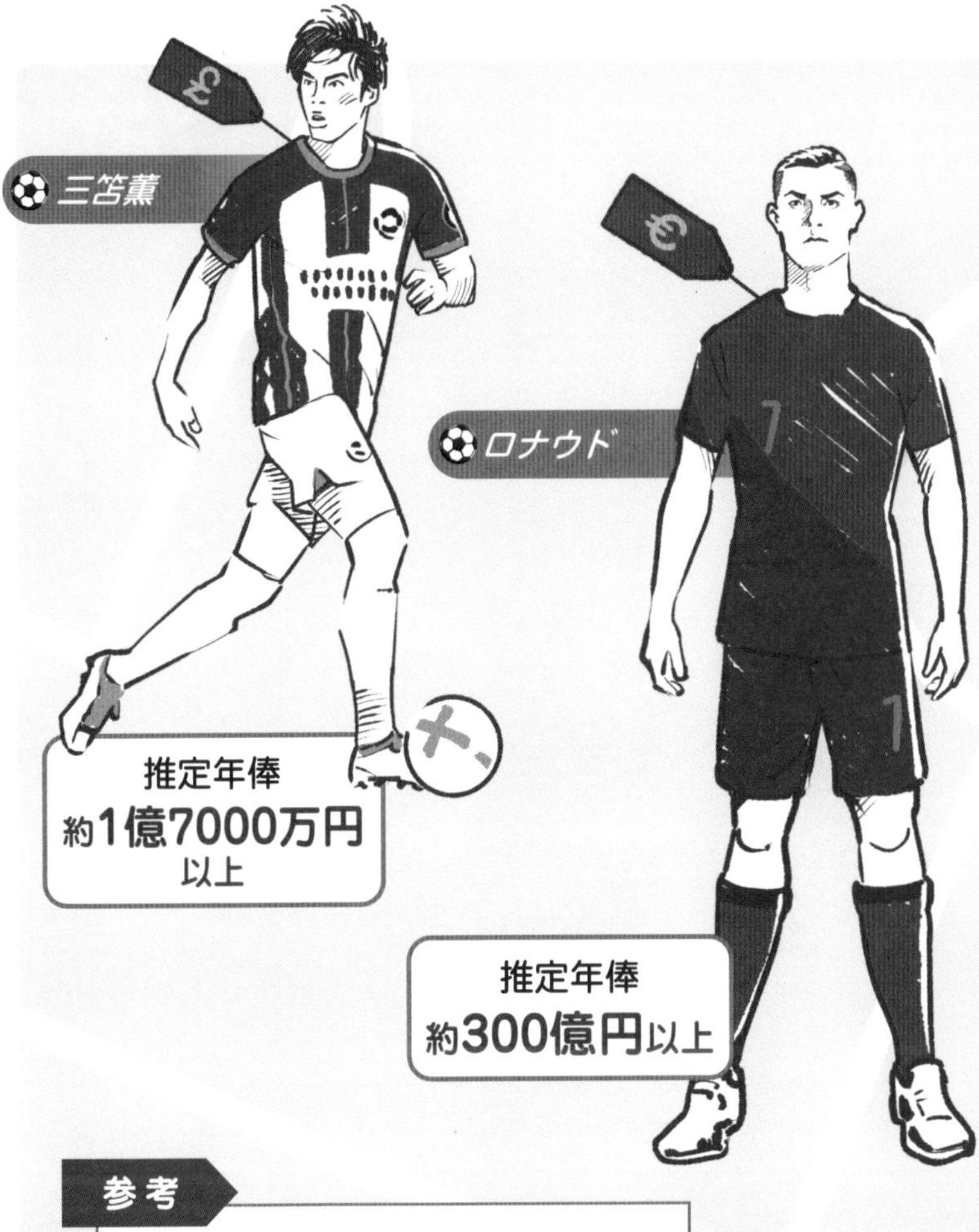

参考

MLB（アメリカ・メジャーリーグ）
の平均年俸は

5億7500万円

（2022年）

A1-1
answer

Jリーガー（J1）の平均年俸は約3000～3500万円
海外のスターは数百億も！

プロ野球に比べると安いが海外のトップ選手は破格

Ｊ１（日本プロサッカーリーグ）の選手の平均年俸は約３０００～３５００万円。１軍のプロ野球選手の平均が１億円と言われており、日本国内のサッカー選手の年俸は決して高いとは言えません。

しかし、海外に目を向けると、１００億円超えの選手はゴロゴロいます。

2023年は
サウジへの移籍が
多数！
ネイマール

海外サッカー選手年俸ランキングTOP5
（2023-2024年シーズン）

順位	名前	推定年俸	所属クラブ	リーグ名
1	クリスティアーノ・ロナウド	約300億円	アル・ナスル	サウジ・プロフェッショナルリーグ（サウジアラビア）
2	カリム・ベンゼマ	約300億円	アル・イテハド	サウジ・プロフェッショナルリーグ（サウジアラビア）
3	ネイマール	約240億円	アル・ヒラル	サウジ・プロフェッショナルリーグ（サウジアラビア）
4	エンゴロ・カンテ	約150億円	アル・イテハド	サウジ・プロフェッショナルリーグ（サウジアラビア）
5	キリアン・エムバペ	約100億円	パリ・サンジェルマン	リーグ・アン（フランス）

※1ユーロ150円で計算。推定年俸、所属クラブは2023-2024年シーズン時点のもの

海外で活躍する日本人サッカー選手の年俸ランキングTOP5
（2022-2023年シーズン）

順位	名前	推定年俸	所属クラブ	リーグ名
1	南野拓実	約6億5000万円	モナコ	リーグ・アン（フランス）
2	冨安健洋	約4億8500万円	アーセナル	プレミア・リーグ（イングランド）
3	久保建英	約2億6000万円	レアル・ソシエダ	リーガ・エスパニョーラ（スペイン）
4	古橋亨梧	約1億8000万円	セルティック	スコティッシュ・プレミアシップ（スコットランド）
5	三笘薫	約1億7000万円	ブライトン	プレミア・リーグ（イングランド）

※推定年俸、所属クラブは2022-2023年シーズン時点のもの。

Jリーグ選手の年俸ランキングTOP5（2023年度）

順位	名前	推定年俸	所属クラブ
1	アンドレス・イニエスタ[※1]	約20億円	ヴィッセル神戸
2	大迫勇也	約3億5000万円	ヴィッセル神戸
3	キャスパー・ユンカー	約2億円	名古屋グランパス
4	マテウス・ドス・サントス・カストロ[※2]	約1億8500万円	名古屋グランパス
5	武藤嘉紀	約1億8000万円	ヴィッセル神戸

※1 2023年8月、UAEのエミレーツ・クラブに移籍。
※2 2023年8月、サウジ・プロフェッショナルリーグのアル・タアーウンFCに完全移籍。

J3だと一般の
成人男性の平均年収
を下回るね

Jリーグの平均年俸

J1 ▶▶ 約3000～2500万円

J2 ▶▶ 約400～500万円

J3 ▶▶ 約300～400万円

A1-2
answer

日本代表クラスの平均は約1億円！

サッカー日本代表の総年俸はダルビッシュ1人より安い!?

カタール・ワールドカップでのサッカー日本代表の活躍は記憶に新しいです。なかでも予選リーグ突破がかかったスペイン戦での勝利は日本中を熱狂の渦に包みました。

そんなスペイン戦での日本代表の出場選手（先発11人と途中交代5人の合計16人）のW杯開催当時の総年俸は**約20億円で、平均にすると約1億3000万**

※カタール・ワールドカップ開催当時のデータ

円。WBC日本代表でメジャーリーガーのダルビッシュ有選手が1人で年間約41億円を稼ぐのと比べると、野球とサッカーでは明らかに野球選手のほうが高給取りと言えます。しかも、メジャーリーガー以外の国内のプロ野球選手もレギュラークラスは2~7億円の年俸をもらっています。

とはいえ、メッシやロナウドなどが40~60億も稼いでいることを考えると、イングランド・プレミアリーグで現在活躍中の三笘薫選手のように若くて有望な選手は、将来的には数十億の年俸をもらうようになる可能性があります。

Q2
question

「移籍金」って誰が誰に払うの？

○○選手、
△△に移籍か？
移籍金は
270億！
移籍金の額が
すごいね

数百億のお金が動く「移籍金」の正体

2017年、ブラジル代表のネイマールのパリ・サンジェルマンからバルセロナへの移籍が報じられました。このときパリ・サンジェルマンは約270億円の移籍金を支払ったといいます。この270億円の移籍金は果たして誰に対して支払われたのでしょうか。ネイマールにでしょうか？

MLB(アメリカの野球：
大リーグ)と同じく
エージェント(代理人)に
何%か払うのでは…
さすがに全額は
選手に入れられ
ないんじゃないかな

海外サッカー歴代移籍金TOP5（2023年10月現在）

順位	名前	年（シーズン）	加入クラブ	移籍金
1	ネイマール	17-18	パリ・サンジェルマン（フランス）	2億2000万ユーロ（約330億円）
2	キリアン・エムバペ	18-19	パリ・サンジェルマン（フランス）	1億8000万ユーロ（約270億円）
3	ウスマン・デンベレ	17-18	FCバルセロナ（スペイン）	1億4000万ユーロ（約210億円）
4	フィリペ・コウチーニョ	17-18	FCバルセロナ（スペイン）	1億3500万ユーロ（約200億円）
5	ジョアン・フェリックス	19-20	アトレティコ・マドリード（スペイン）	1億2700万ユーロ（約190億円）

※1ユーロ＝150円で計算

A2 answer

移籍金は移籍先クラブが移籍元クラブに支払う 選手には1円も入らない！

※たとえば、三笘薫が川崎フロンターレからブライトンに移籍した際の移籍金はわずか50万ポンド（約4億円）でした。その後の三笘の大活躍をみると、ブライトンにとって安い買い物だったと言えるでしょう。

クラブ同士のやりとりで発生する移籍金

よく報道で「●●選手、２００億円で△△に移籍」というニュースを耳にします。一見すると、選手が２００億円もらえるような印象を受けますが、実際は違います。**移籍金は選手に支払われるものではありません。**たとえば、AというクラブがBというクラブの選手を獲得したいと思ったとき、Bとその選手との契約がまだ残っている場合に、違約金として移籍先のAから移籍元のBに移籍金が支

移籍金
移籍元クラブ
契約があと3年
残っているから
違約金として
3000万ユーロ
もらいます
交

日本人移籍金歴代TOP5（2023年10月現在）

順位	名前	年（シーズン）	移籍前の在籍クラブ	加入クラブ	移籍金
1	中島翔哉	19-20	ポルティモネンセ（ポルトガル）	アル・ドゥハイル（カタール）	3500万ユーロ（約53億円）
2	中田英寿	01-02	ローマ（イタリア）	パルマ（イタリア）	2840万ユーロ（約43億円）
3	中田英寿	00-01	ペルージャ（イタリア）	ローマ（イタリア）	2169万ユーロ（約33億円）
4	冨安健洋	21-22	ボローニャ（イタリア）	アーセナル（イングランド）	1860万ユーロ（約28億円）
5	香川真司	12-13	ボルシア・ドルトムント（ドイツ）	マンチェスター・ユナイテッド（イングランド）	1600万ユーロ（約24億円）

※1ユーロ＝150円で計算

代理人

P56参照

払われます。

また、移籍元クラブと選手の契約期間が満了するタイミングでの移籍は、移籍金が0になります。0移籍は移籍元クラブに一銭も入らないので、そのためクラブは有望選手とはなるべく複数年契約を取り交わそうとします。そうすれば、契約期間内に移籍する場合は、クラブに移籍金が入り込み、それによりクラブは潤い、補強などにお金を使うことができるのです。

なお、欧州に比べてJリーグの日本人選手の移籍金は安いため、才能のある日本人選手が欧州クラブの草刈り場になっている傾向があります。

Q3
question

Jリーグの経済規模は海外リーグと比べてどうなの？

W杯で
ベスト16に
なったんだから、
Jリーグは
そこそこ
イケてるはず…

ワールドカップの結果はJリーグを盛り上げるか？

カタール・ワールドカップで、世界中の下馬評を覆してドイツ、スペインという優勝経験のある強豪国を撃破して決勝トーナメント進出を果たした日本代表。その日本代表を強化するために元々作られたJリーグの経済規模は、欧州の主要リーグに比べてどうなっているのでしょうか？

我々欧州５人衆に
挑むとは
ちょこざいな！
１回くらいオレらに
勝ったからって
調子にのるな
ドイツ
スペイン
イングランド
まだまだ
Jには負けん！
日本の
プロ野球を
忘れてもらって
は困る
Y
BASEBALL
フランス
イタリア

A3 answer

ヨーロッパの5大リーグに収入で大きく水をあけられている

世界最高峰のプレミアの7分の1の収入規模

Ｊリーグは欧州五大リーグトップのプレミアリーグ（イングランド）と比較して、収入規模は約４分の１。５大リーグ最下位のリーグ・アン（フランス）にも２倍以上の差をつけられています。さらに日本のプロ野球（ＮＰＢ）とＪリーグを比べると、ＮＰＢの収入規模は１８００億円（２０１８年）と、約１２００億のＪリーグの１・５倍です。

各国リーグ収入規模の比較（2018-19シーズン）

（単位：億円）

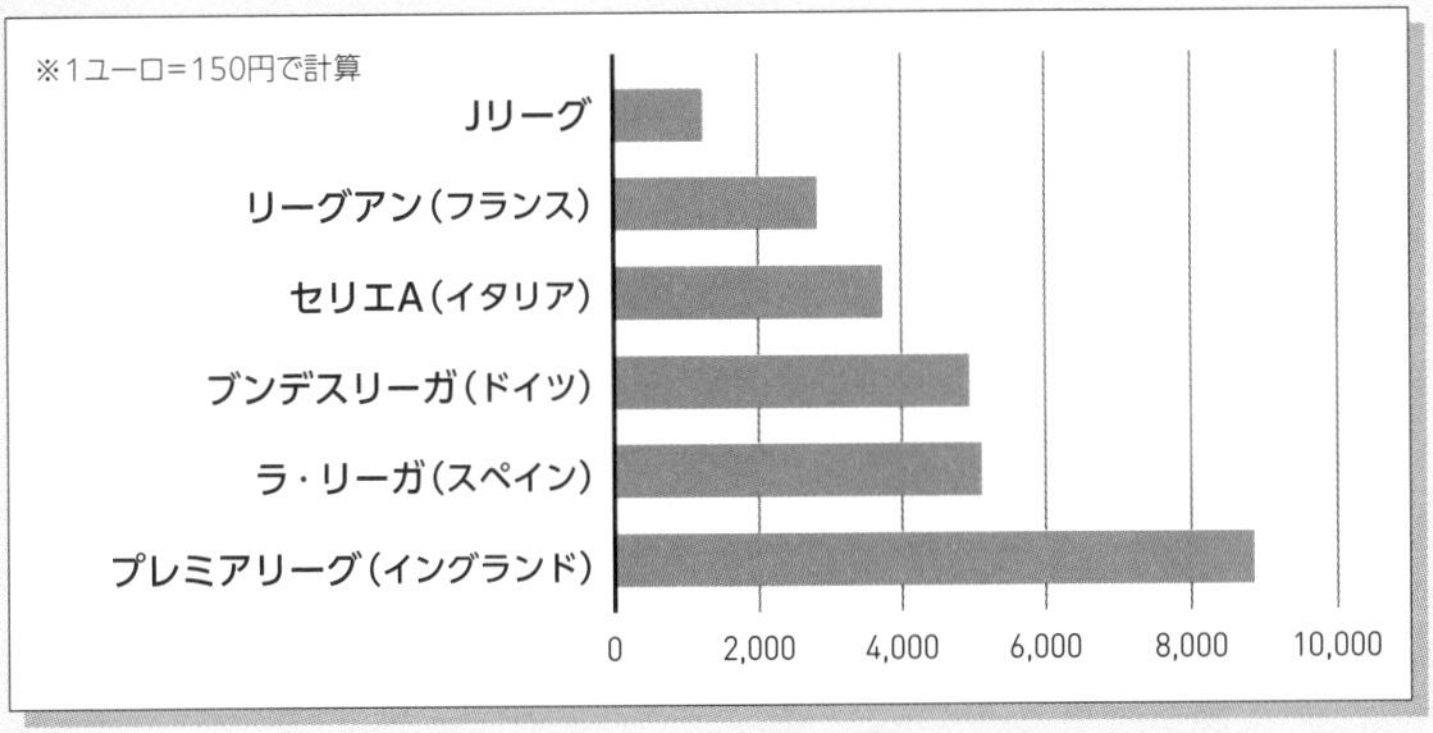

（出典）Annual Review of Football Finance 2020とJリーグ公式サイトより作成

JリーグとMLBとNPBの市場規模の比較（2018年）

Jリーグ ▶▶ 1200億円

MLB ▶▶ 1.1兆円

NPB ▶▶ 1800億円

また、欧州五大リーグの中では、イングランド・プレミアリーグの収益規模が頭一つ抜けています。これはP102で詳細に解説しますが、主に放映権収入のおかげです。Jリーグもスポーツ専門動画配信サービスDAZN《ダゾーン》と2017年に破格の契約を結び、大口の収入源を確保しましたが、それでもプレミアとの格差は依然と大きなままです。今後、Jリーグが欧州5大リーグと互角に張り合うためには、海外のスター選手を積極的に獲得するなどして、スポーツコンテンツとしてより魅力あるものにする必要があります。

Q4
question

「親企業型クラブ」と「地域型クラブ」どこが違う？

2つに分けられるJリーグのクラブ

Ｊリーグのクラブは大きく、「親企業型クラブ」と「地域型クラブ」に大別されます。親企業型クラブはＪリーグの前身であるＪＳＬ時代（日本サッカーリーグ）の企業サッカークラブが母体となって設立されました。一方、地域型クラブは企業に依存せず、地域の人々や地元企業に支えられたクラブです。

地域型クラブ
スタジアムを中心に地域の人々の交流が活発化しています。
地元クラブは地域の象徴です。
地元企業も応援しています。
地域全体でクラブを支える
地域の一体感

A4
answer

親会社からの支援があるのが「親企業型クラブ」地域の人たちが支えるのが「地域型クラブ」

元スペイン代表の超大物選手を
FC●●が200億円で獲得！
パシャ
超大物外国人選手
FC●●の親会社の社長
親会社は大手IT企業で、お金があり余っているのね。
サポーター

それぞれのメリットとデメリット

「親企業型クラブ」は親会社がバックに付いているため、金銭的支援が受けられるので、安定した財政状態を保ちつつ、チームの強化を図ることができます。たとえば、近年のヴィッセル神戸は楽天が親会社のため、イニエスタ以外にも、日本代表クラスの有望選手を次々と獲得しています。しかし、このことは裏を返せば、親会社が経営から撤退した場合、そのクラブは存続

親企業型クラブ一覧（2019年）

チーム名	加盟年	運営母体	収入（億円）
浦和	1993	三菱重工業	82.18
横浜FM	1993	日産自動車	58.84
名古屋	1993	トヨタ自動車	69.12
鹿島※	1993	住友金属→メルカリ	67.68
FC東京	1999	東京ガス→MIXI	56.35
柏	1995	日立製作所	31.4
磐田	1994	ヤマハ発動機	38.13
大宮	1999	NTT関東	34.54
川崎	1999	富士通	69.69
C大阪	1995	ヤンマーディーゼル	37.86
広島	1993	マツダ自動車	37.37
清水	1993	清水FC→鈴与	42.91
G大阪	1993	松下電器	55.13
仙台	1999	東北電力	27.11
千葉	1993	古河電工	28.38
神戸※	1997	川崎製鉄水島→楽天	114.4
京都	1996	京都紫光クラブ→京セラ	20.9
徳島	2005	大塚製薬	17.63
湘南	1994	藤和不動産→ライザップ	27.01
札幌	1998	東芝堀川町	35.99
山形※	1999	山形日本電気→(株)モンテディオ山形	18.45
福岡	1996	中央防犯アクト	15.77
富山	2009	北陸電力・YKK AP	5.22
北九州	2010	三菱化成黒崎	8.04
熊本	2008	NTT熊本	8.5
秋田	2014	TDK	4.61

※「住友金属→メルカリ（鹿島）」、「川崎製鉄水島→楽天（神戸）」のように、設立母体と現在の経営母体が違うケースが存在する。また、山形のように公益法人（山形県スポーツ振興21世紀協会）と企業（アビームコンサルティング）が運営会社を共同で設立するケースもある。

地域型クラブ一覧（2019年）

チーム名	加盟年	運営母体	収入（億円）
新潟	1999	新潟イレブンSC	22.47
鳥栖	1999	鳥栖フューチャーズ	25.61
松本	2012	山雅SC	27.11
甲府	1999	甲府SC	14.55
東京V	2003	読売サッカークラブ→地域型へ	19.36
岡山	2008	リバー・フリー・キッカーズ	15.67
横浜FC	2001	横浜FC	18.41
岐阜	2008	スティックルスポーツクラブ	10.79
大分	1999	大分FC	18.66
栃木	2009	栃木SC	9.75
長崎	2013	有明SC→ジャパネットたかた	25.64
長野	2014	長野エルザSC	6.75
金沢	2014	金沢SC	7.6
讃岐	2014	高商OBサッカー部	5.61
愛媛	2006	松山SC	7.77
水戸	2000	フットボールクラブ水戸	7.52
群馬	2005	リエゾン草津FC	4.65
町田※	2012	FC町田トップ→サイバーエージェント	10.32
鳥取	2011	SC鳥取	4.55
山口	2015	山口県サッカー教員団	12.89
福島	2014	福島夢集団JUNKERS	3.25
琉球	2014	FC琉球	6.32
鹿児島	2016	ヴォルカ鹿児島・FC KAGOSHIMA	7.9
相模原	2014	SC相模原	3.48
盛岡	2014	ヴィラノーバ盛岡	2.63
YS横浜	2014	横浜スポーツクラブ	2.04
藤枝	2014	藤枝ネルソンCF	3.24

※町田のように地域に根ざしたクラブでありながら、親会社があるクラブも存在する。

の危機に陥ることを意味します。

たとえば、Jリーグ黎明期の横浜フリューゲルスは親会社の全日空の撤退により、実質的にチームは消滅してしまいました。

一方、**「地域型クラブ」は特定の企業の支援を受けずに、地域の人々（サポーターなど）や、地元企業などに支えられた地域密着型**のクラブといえます。クラブが地域の象徴として機能し、地域の一体感が生まれることがメリットです。

なお、地域型クラブで最も成功したクラブとしてアルビレックス新潟が挙げられますが、近年は少子化の影響で、集客面で苦戦を強いられています。

Q5
question

Jクラブの収入の内訳とは?

Jクラブの運営費の約半分が人件費!

クラブ経営を賄うには収入が必要

クラブを運営するためには、選手の年俸やスタッフの給与などの人件費、試合関連経費（ホームゲーム主催費）、物販関連費など、様々なお金が必要になってきます。特に人件費はJリーグの全クラブにおいて総費用の約半分を占めるので、運営責任者にとっては頭の痛い問題です。では、その運営資金の原資となる収入の内訳はどうなっているのでしょうか？

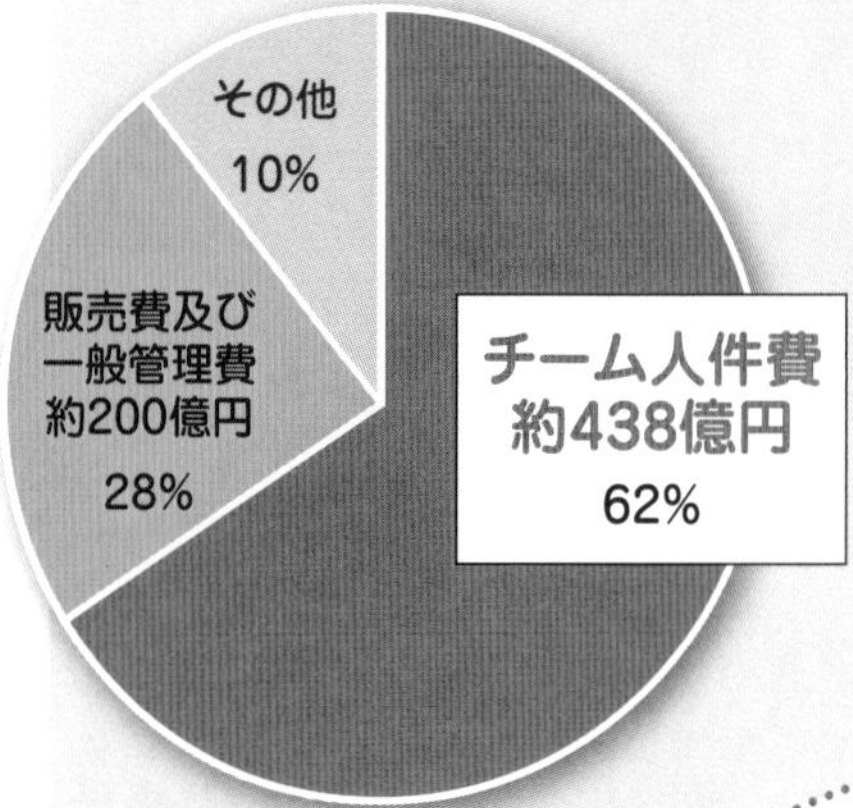

※2022年度のJ1クラブ全体の総計

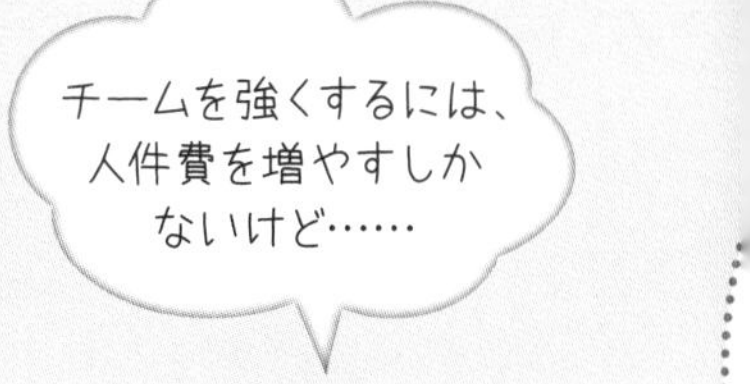

A5
answer

広告料収入、入場料収入
Jリーグ配分金が主な収入源

広告料収入の神戸
入場料収入の浦和

Jクラブの収入の源泉は、主に広告料収入、入場料収入、Jリーグ配分金から構成されています。広告料収入とは、企業のロゴなどをホームスタジアムの看板や、ユニフォームなどに掲載することで得られる収益。日本のサッカー業界ではこの広告料収入が基本的に最大の収入になります。Jリーグのクラブで最もスポンサー収入が多いクラブはイニエスタ選手が所属して

J1クラブ（収入規模がJ1平均以上）の収入構造（2019年）

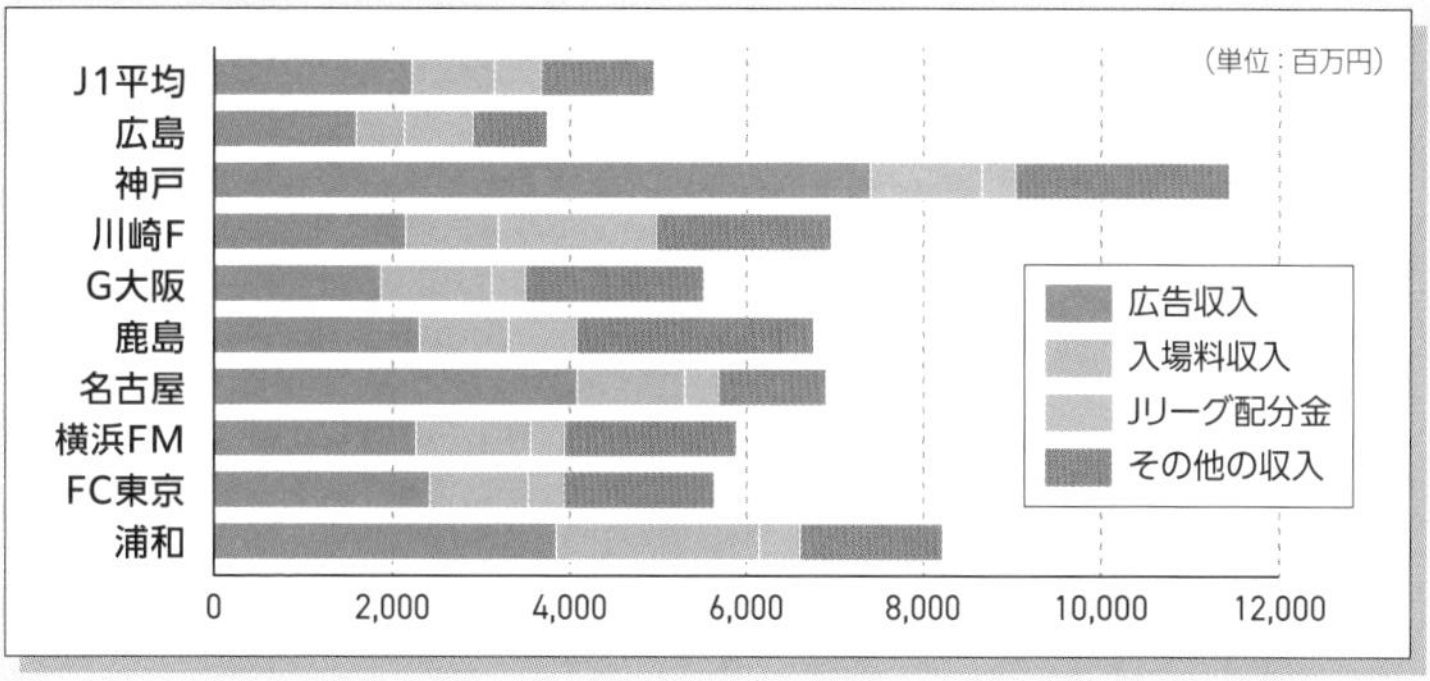

（出典）Jリーグ個別経営情報開示資料より作成

★参考（コロナ禍時）

J1クラブ（収入規模がJ1平均以上）の収入構造（2022年）

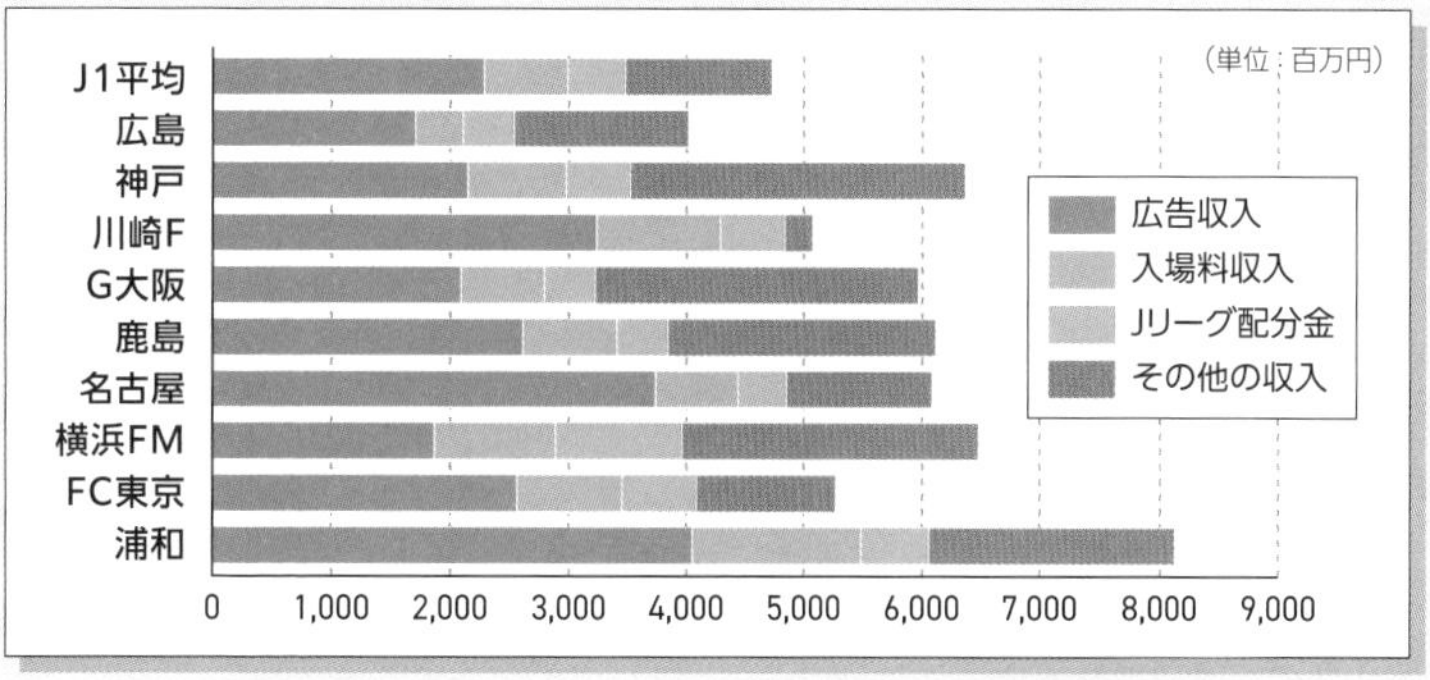

（出典）Jリーグ個別経営情報開示資料より作成

いた神戸。２０１９年度ではスポンサー収入だけで74億円の収入を得ています。これは親会社の楽天が主に支払っています。入場料収入はチケットの売上のこと。最も入場料収入が多いクラブは、Ｊリーグ屈指の人気チームの浦和。２０１９年度は入場料収入だけで23億円の収入を得ています。**Ｊリーグ配分金はＪリーグ理事会から各クラブに配分されるお金**で、主な出所はＪリーグの放映権を握るDAZN《ダゾーン》です。その他の収入源としては、サッカースクールなどのアカデミー関連や物販販売などがあげられます。

Q6
question

プロサッカーチームはいくらで買えるか？

誰でもオーナーになれる!?

大手クラブを買収だ！
石油王

オーナーになるには資金力が必要

サッカーのマネジメントゲームが人気を集めていることからも分かるように、サッカーファンの究極の夢は自分がプロサッカーチームのオーナーになること。しかし、オーナーになるにはそれなりの資金力が必要です。では、ＩＴ企業の社長や石油王のような資産家しか、オーナーになれないのでしょうか？

金さえあれば

クラブを手に
入れて、知名度を
上げるぞ！
IT企業社長
FOOTBALL CLUB

ファンを無視した
買収には反対！
サポーター

買収劇に伴う反発

2005年、アメリカの実業家マルコム・グレイザーがマンチェスター・ユナイテッドを買収したとき、地元ファンの間から激しい反発が起こりました。彼らは地元に根ざしたクラブの伝統が外資によって破壊されるのではないかと恐れたのです。

A6
answer

日本では10億円以上、海外はそれ以上が必要

過去の代表的買収例

日本

2016年	楽天	ヴィッセル神戸	480万円 (本文参照)
2018年	RIZAP	湘南ベルマーレ	3年間 10億円
2018年	サイバー エージェント	町田ゼルビア	11.4億円

このほか、2014年イングランドのシティフットボールグループが、横浜F・マリノスの株式を19.95%取得した

金はあるぞ
買った！

海外

2003年	ロシアの石油王アブラモビッチ氏	チェルシー買収	約259億円
2005年	アメリカ人実業家グレイザー氏	マンチェスター・ ユナイテッド買収	約1462 億円
2010年	アメリカのフェンウェイスポーツ グループ	リバプール買収	約555億円
2011年	アメリカ人資産家クロエンケ氏	アーセナル株の 買い増し	約555億円
2013年	インドネシア人起業家トヒル氏経営の インターナショナルスポーツキャピタル社	インテル・ミラノ の株式70%取得	約325～ 390億円
2015年	タイの投資家ビー・テチャウボン氏	ACミランの株式 48%取得	約650億円

ブランド力
UP
知名度
UP
企業の買収は
宣伝効果もある。
楽天はその代表

経営不振のクラブになら買収は渡りに船

２０２３年現在、Ｊ１からＪ３まで全部で60クラブあります。健全な経営を行っているクラブと赤字に悩むクラブに分かれていますが、後者であれば、高い金で買収してくれる相手を探しているかもしれません。その典型は２０１６年に楽天に身売りしたヴィッセル神戸です。一説では、購入金額は４８０万円という破格な安さでしたが、一方で神戸が持つ40億円近い債務も引き受けたため、実質数

お金がなくてもサッカークラブは作れる？

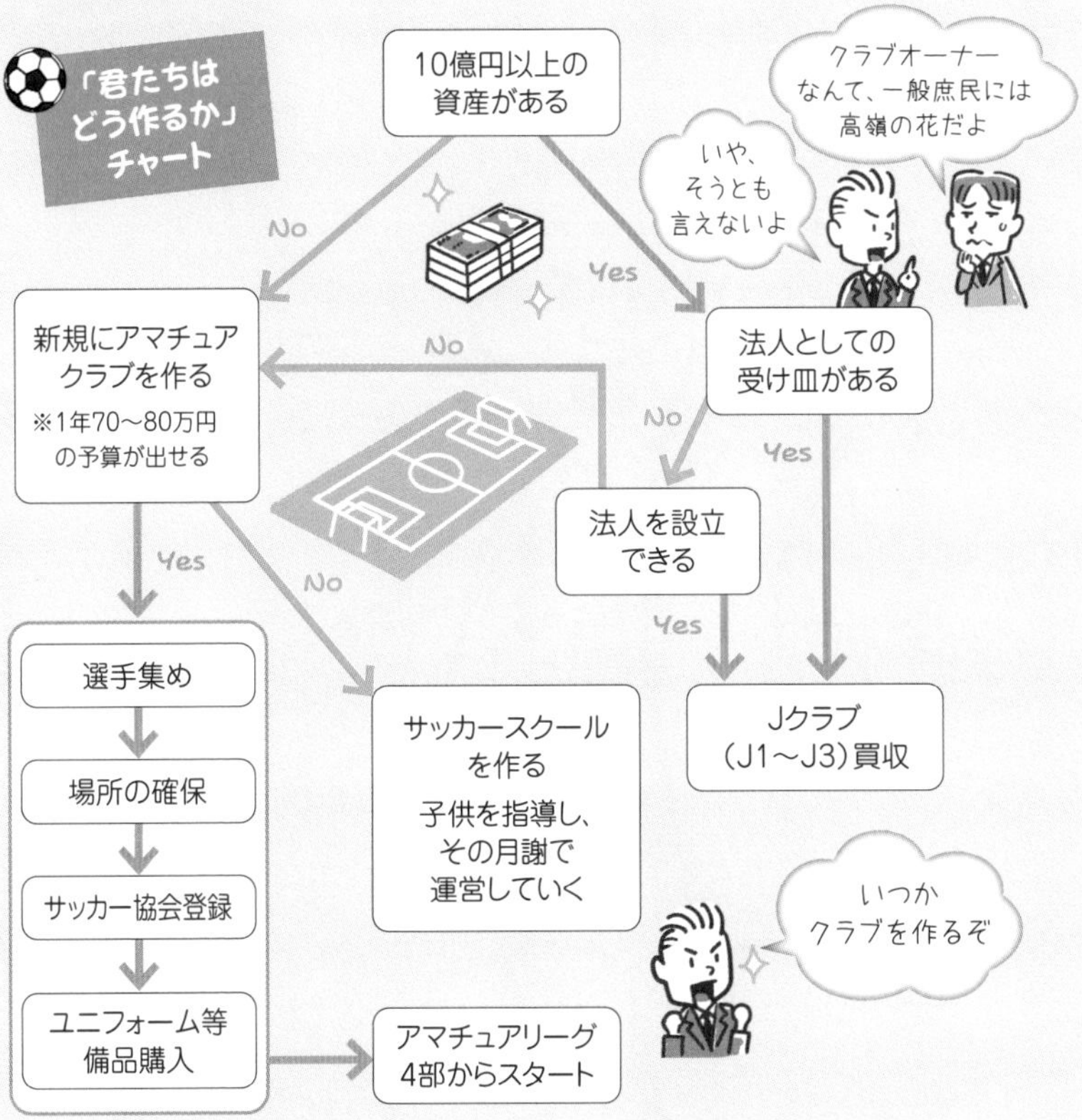

十億の資金が動いたことになります。野球と違い、企業名をチーム名に冠することはできませんが、野球の楽天と同じ色のユニフォームでコーポレートカラーを明示し、企業の宣伝にも一役買っています。こうした効果もあり、クラブ買収は近年ではよくあることのようになってきました。

一方、海外のお金持ちは桁が違います。サッカーファンの大富豪が、欧州のビッグクラブを買収するというニュースはしばしば聞くようになりました。その額は最大で1000億円を超えるものもあります。けれども、それだけサッカーというコンテンツが魅力的であることの証拠です。

Q7 question

サッカーの監督って儲かるの？

野球と違って
ライセンスが必要※1
試合中は
基本的に
スーツを着用※3
平均年齢
50歳
（2023年度の
Jリーグ）
ファン
（サポーター）
からの厳しい
プレッシャーに
常にさらされる
プロ経験は
おろか、サッカー
経験がなくても
制度的には
監督になれる※2

※1 Jリーグの監督になるには、A～Dのライセンスの上に位置するS級ライセンスが必要。ライセンスの取得には講習会への参加が義務付けられている。

※2 実際にはライセンス取得の際に実技指導の講習があるので、サッカー未経験者にはハードルが高い。

※3 ジャージの監督もいるが、少なくとも野球のように選手と同じユニフォームは着用しない。

監督業は楽ではない！

コアなサッカーファンなら、試合を観戦しながら贔屓のチームの監督になった気分で、「どうしてここで選手交代をしないのか？」などと思ったりするもの。また、チームが試合に負けたときに、真っ先に批判されるのが監督です。常に結果が求められ、サポーターの厳しい目にさらされるプロのサッカー監督は、それに見合った報酬をもらっているのでしょうか？

結果が出なければ即クビ!?

Jリーグの監督の在任年数（1993〜2016年）

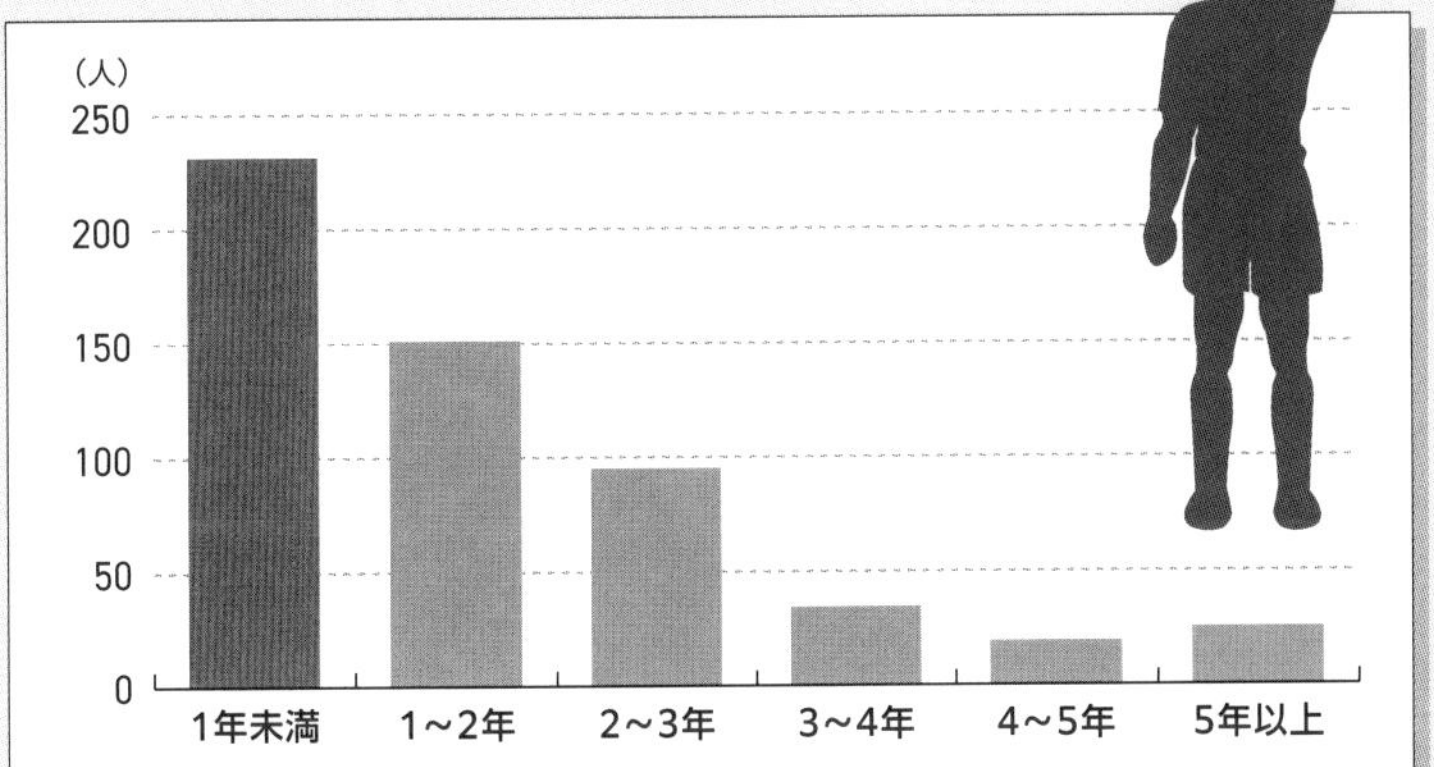

（出典）各種資料より編集部作成

同じプロでも……

- **サッカーの監督は在任期間が1年未満が1番多い**
- **野球の監督の平均在任期間は3.5年**

A7
answer

J1クラブ監督の平均年収は約6000万円 海外では数十億も！

Jリーグ監督の損得勘定

でも結果が出ないと いつ解任されるか？
J1なら決して 年俸は悪くない
海外の名将は ケタが違うな
J2やJ3に なると苦しいな
J3の監督だと中小企業の サラリーマンと変わらない

名選手でなくてもなれるだけに競争が厳しいJリーグ監督

Jリーグの監督はライセンス制です。ライセンスさえあれば、どんな人でも監督になれます。現役時代に実績のある選手しか監督になれない傾向にある野球と違うところです。野球が現役時代のしがらみやコネという形で監督になる傾向が強いのに対し、サッカーにはそういう傾向はさほど強くありません。それだけに監督として採用されても、

海外クラブ監督年俸ベスト10（2022年）

順位	名前	クラブ名	年俸
1	シメオネ	アトレティコマドリード	59億円
2	グァルディオラ	マンチェスターシティ	34億円
3	ユルゲン・クロップ	リヴァプール	26億8000万円
	コンテ	トッテナム	26億8000万円
5	アッレグリ	ユヴェントス	21億円
6	ポチェッティーノ	パリ・サンジェルマン	19億8000万円
7	アンチェロッティ	レアルマドリード	16億6000万円
8	モウリーニョ	ローマ	13億9000万円
9	ナーゲルスマン	バイエルンミュンヘン	11億8000万円
10	シモーネ・インザーギ	インテルミラノ	11億円

※1ユーロ150円で計算。金額は推定

Jリーグ監督年俸ベスト10（2022年）

順位	名前	クラブ名	年俸
1	ネルシーニョ	柏レイソル	1億5000万円
2	ケヴィン・マスカット	横浜F・マリノス	1億円
3	ヴァイラー	鹿島アントラーズ	1億円
4	長谷川健太	名古屋グランパス	1億円
5	リカルド・ロドリゲス	浦和レッズ	8500万円
6	ミハイル・ペトロヴィッチ	コンサドーレ札幌	8000万円
7	アルベル	FC東京	8000万円
8	三浦淳寛	ヴィッセル神戸	7000万円
9	片野坂知宏	ガンバ大阪	5500万円
10	スキッベ	サンフレッチェ広島	5000万円
	鬼木達	川崎フロンターレ	5000万円

クラブの資産が莫大なので、監督の年俸も高くなる
クラブ経営が大変なので、安くていい監督を求める

そこで**実績を出さなければすぐクビになる**という厳しい世界です。

プロ野球の監督の平均年数が3・5年なのに対し、プロサッカーの監督は1年未満が最も多いのは、こうしたことが背景にあると言えます。しかも、野球と異なり、成績が悪いとクラブが下位リーグに降格するのがサッカー。今年は最下位でも仕方ないと諦めれば済む野球とは異なり、最後までクラブは頑張らなければなりません。したがってシーズン途中の解任、新監督の就任も多くなるのです。

Q8
question

財政破綻で潰れるチームもあるの？

経営悪化はチームの命取り！

財政破綻
したので、チームは
なくなります
経営破綻で
チーム消滅

厳しくチェックをされる財務状況

プロ野球の場合、球団経営で計上した赤字は親会社が補填してくれるので、球団の財務状況が問題視されることはありません。また、そうして赤字補填されたお金は親会社が広告宣伝費として損金処理できるので、球団の赤字に対して親会社は比較的寛容です。一方、Jリーグは「クラブライセンス制度」により、クラブの財政状況が厳しくチェックされます。

A8 answer

財務状況が悪いとペナルティーを課せられる

「ライセンス制度」で財務の健全化を図る

チームを強化するために有望な選手を次々と高額な移籍金で獲得したりすると、クラブの財政が悪化し、最終的には経営破綻、チームの消滅という結末を招くことがあります。実際、ヨーロッパのクラブでは過去にいくつものチームが財政破綻により、消滅や下位リーグ降格の憂き目にあっています。たとえば、かつてマラドーナが在籍していたセリエＡ（イタリ

債務超過により、レッドカード、一発退場です！
ヒェー、J2(2部)に降格だ〜

ア）のナポリは2004年に多額の負債を抱え、セリエC（3部）へ降格しました（その後、経営陣を刷新して、セリエAまで昇格。2022～23シーズンにはセリエAで優勝して完全復活）。また、2015年には同じくセリエAのパルマが約95億円の負債を抱えて、チーム自体が消滅してしまいました。

　Jリーグではこうした海外リーグの情勢を踏まえて、「Jリーグライセンス制度」で**クラブ経営の健全化のために、各クラブに年次財務諸表の提出を義務化**。債務超過や3期連続で赤字に陥ったクラブに、下位リーグへの降格などのペナルティーを課しています。

海外クラブの主な破綻事例

年	チーム名	リーグ	負債金額	結果
2002	フィオレンティーナ	セリエA（イタリア）	約60億円	チーム消滅
2004	ナポリ	セリエA（イタリア）	約46億円	下位リーグへ降格
2007	リーズ	プレミアリーグ（イングランド）	約84億円	勝ち点剥奪、下位リーグへ降格
2012	レンジャーズ	スコティッシュ・プレミアシップ（スコットランド）	約130億円	勝ち点剥奪、下位リーグへ降格
2015	パルマ	セリエA（イタリア）	約95億円	チーム消滅

※負債金額は推定

「J1クラブライセンス交付規則」では、財務状況が以下の状態に陥ったとき、下位リーグへの降格などのペナルティが課せられると定められている。

❶3期以上連続で当期純損失（赤字）を計上した場合

❷ライセンスを申請した日の属する事業年度の前年度末日現在、純資産の金額がマイナスである（債務超過）場合

※ただし、コロナ禍の影響で、2020～2023年度末までは猶予期間が設けられている。

Q9 question

地元クラブが地域に与える経済効果は？

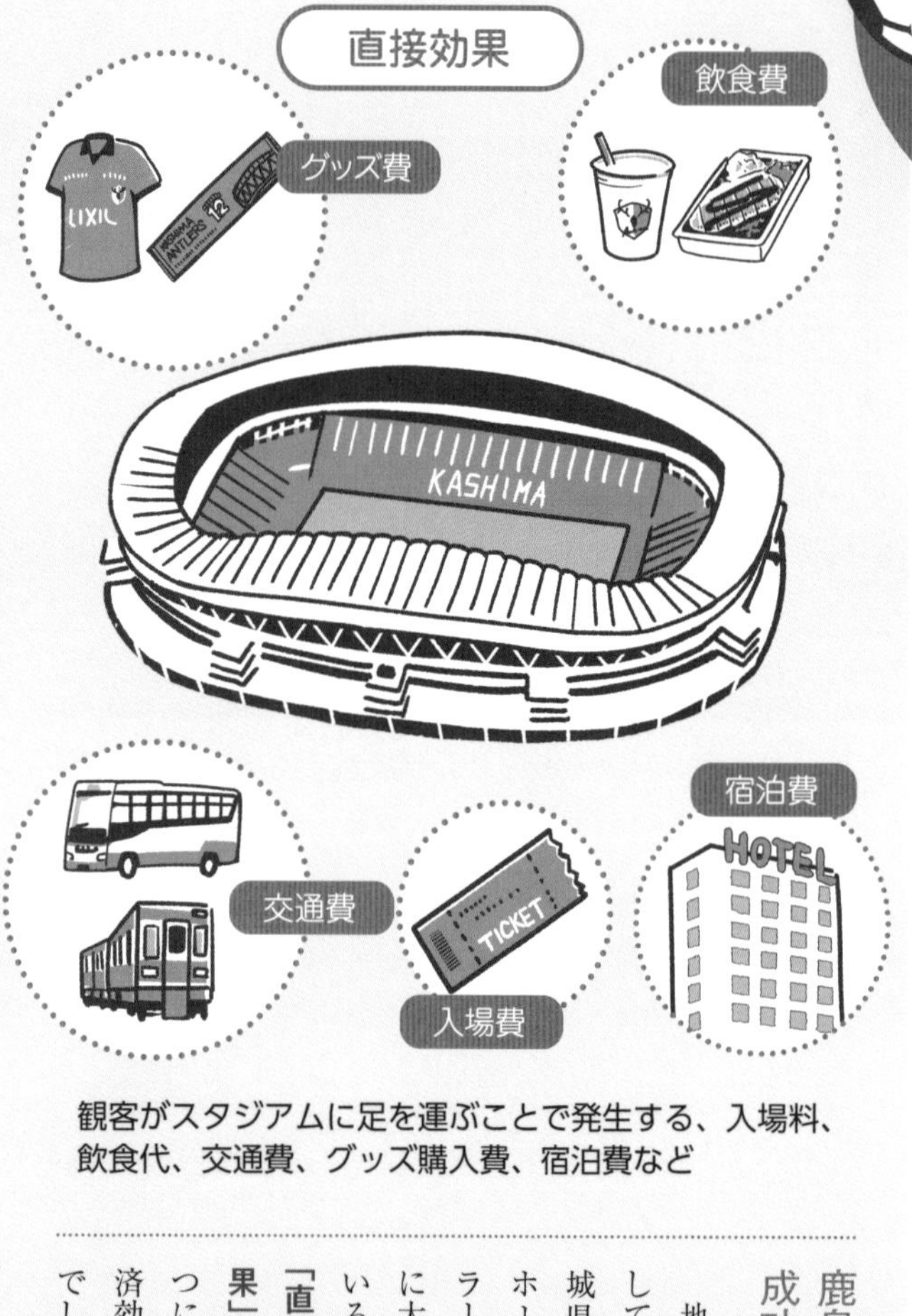

観客がスタジアムに足を運ぶことで発生する、入場料、飲食代、交通費、グッズ購入費、宿泊費など

鹿島アントラーズの成功モデル

地域密着型クラブの模範生としていつもあげられるのが、茨城県鹿嶋市やその周辺地域をホームとしている鹿島アントラーズです。実際、鹿島は地元に大きな経済効果をもたらしているといわれます。経済効果は**「直接効果」「第1次経済波及効果」「第2次経済波及効果」**の3つに分けられますが、鹿島の経済効果の合計額はいくらになるでしょうか？

第1次経済波及効果
LIXIL
直接効果で増えた需要
により生産が増加し、
雇用者の所得も増加
第2次経済波及効果
所得が増えたことで、消費が伸び、新たな需要が生まれる

A9
answer

J1の人気クラブなら数百億円規模に!?

「おらが街の」クラブが生み出す経済効果

Jリーグは「地域に根ざしたスポーツクラブ」を理念に掲げています。自治体、住民、地元企業などが1つになって、「おらが街」のクラブを支え、クラブも地域の象徴としてスポーツを通して世代を超えた触れ合いの輪を広げる……。クラブが地域の経済発展に貢献していることは、そうした考えの副次的な産物といえるでしょう。

2022年の鹿島アントラーズ

Jクラブが「まちづくり」の核となる!

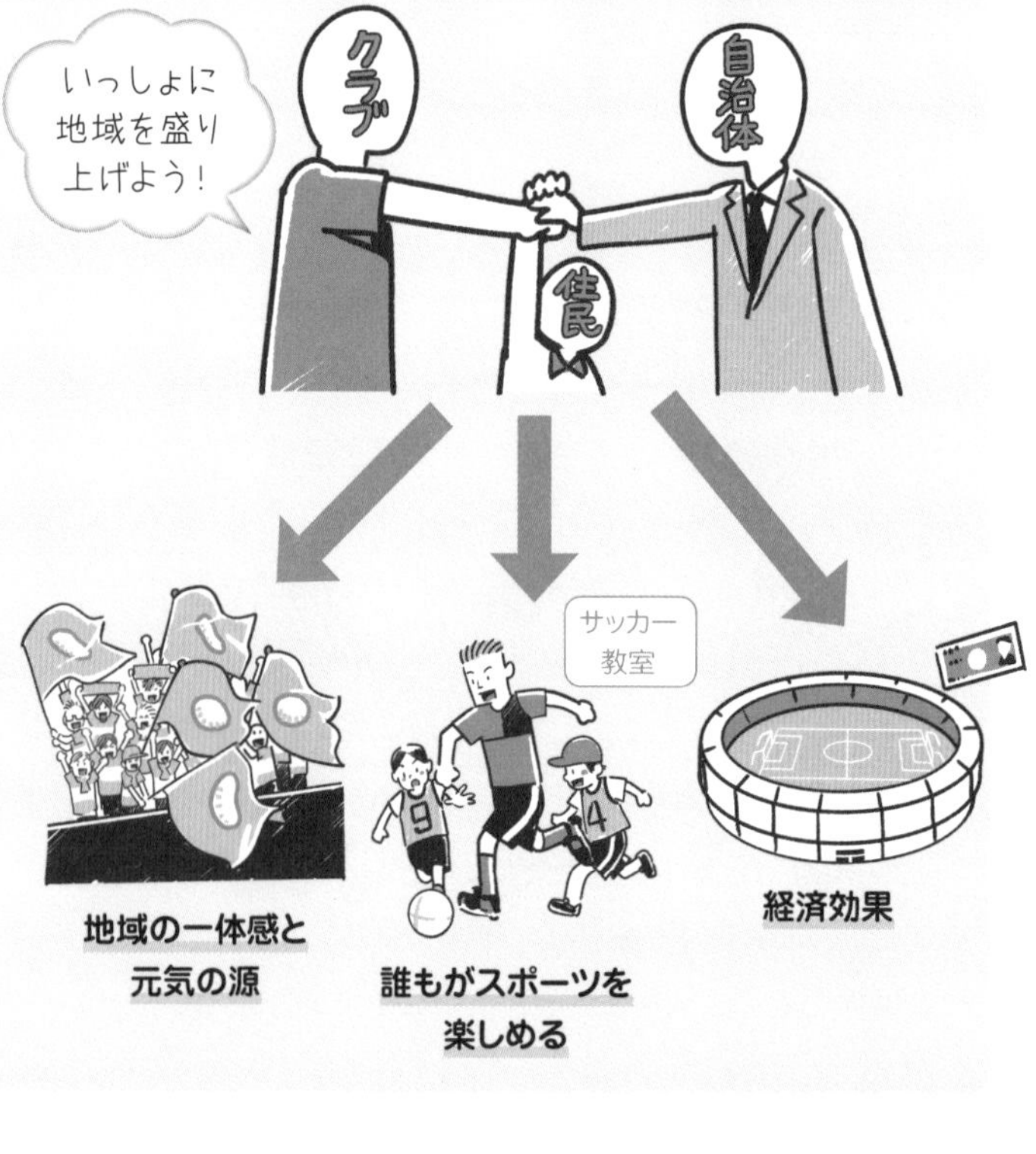

の経済効果は、直接効果と1次・2次経済波及効果をあわせると、約365億円といわれています。直接効果は実際にスタジアムに訪れてくれた人が支払う入場料やスタジアムでの飲食代、グッズ購入費、またアウエーの対戦チームのサポーターが落とす宿泊費やお土産代などの観光消費などです。そこから様々な需要が生まれて、地元産業が活性化し（第1次経済波及効果）、それにより増えた労働者の賃金は消費に回されます（第2次経済波及効果）。

　こうした経済効果は、地域を豊かにするとともに、地域住民の地元クラブへの愛着や帰属意識を高めてくれます。

鹿島アントラーズの経済効果推計（2022年推計）

前提条件		
	ホーム試合数（カップ戦を除く）	17試合
	年間観客数（カップ戦を除く）	37万4952人
	1試合平均観客数（カップ戦を除く）	2万2056人
	観客1人当りの消費額（日帰り客）	7474円
	観客1人当りの消費額（宿泊客）	3万1282円

※「茨城県令和3（2021）年観光客動態調査報告」などを元に作成
※チケット代は平均値の3000円と仮定した。

約365億円の経済効果!

経済効果		
	経済波及効果（A+B+C）	約365億円
	直接効果 A	約170億円
	第1次経済波及効果 B	約115億円
	第2次経済波及効果 C	約80億円

※Jリーグ個別資料を元に作成

Jリーグ百年構想

日本プロサッカーリーグ（Jリーグ）の理念･目標である「地域におけるサッカーを核としたスポーツ文化の確立」を具体化したものが「Jリーグ百年構想」です。その骨子は以下の通り。

- **あなたの町に、緑の芝生におおわれた広場やスポーツ施設をつくること。**
- **サッカーに限らず、あなたがやりたい競技を楽しめるスポーツクラブをつくること。**
- **「観る」「する」「参加する」。スポーツを通して世代を超えた触れ合いの場を広げること。**

Q10 question

プロでもサッカー用具にはお金がかかる？

クラブからの支給品

選手が自由に選べるのはスパイクだけ

野球と比べると、サッカーは自分で用意しなければならない用具が少なくなっています。野球選手がバットやグローブ、スパイクなどのメーカーを自分で選択できるのに対して※、**サッカー選手は自由に自分で好きなメーカーを選べるのはスパイクだけです。**ユニフォームやパンツ、練習着、スパッツ、ソックスなどはチームから支給されま

A10
answer

選手が負担するのはスパイクだけ それも実際はタダでもらえる

自己購入かスポンサーから提供

用具係のプロ・「ホペイロ」の存在

ポルトガル語で『用具係』を意味するホペイロ。選手が試合に集中するために設けられたポジションで、選手のために用具の準備、選手が着た練習着の洗濯やスパイクの手入れなども行います。これにより、選手は手ぶらでスタジアムに来ることができます。

す。練習着やスパッツと言えども、チームがスポンサー契約しているので、選手が勝手に違うメーカーのものを着ることができません。

世界のスター選手ともなれば、スパイクの契約金は数十億円になります。たとえば、アルゼンチン代表のメッシは２０１７年にアディダスと生涯契約を締結し、年間約24億円を受け取っているといわれています。

※1軍の野球選手はほとんどスポンサーから支給を受けている。

Q11 question

ユニフォームの広告のお値段は？

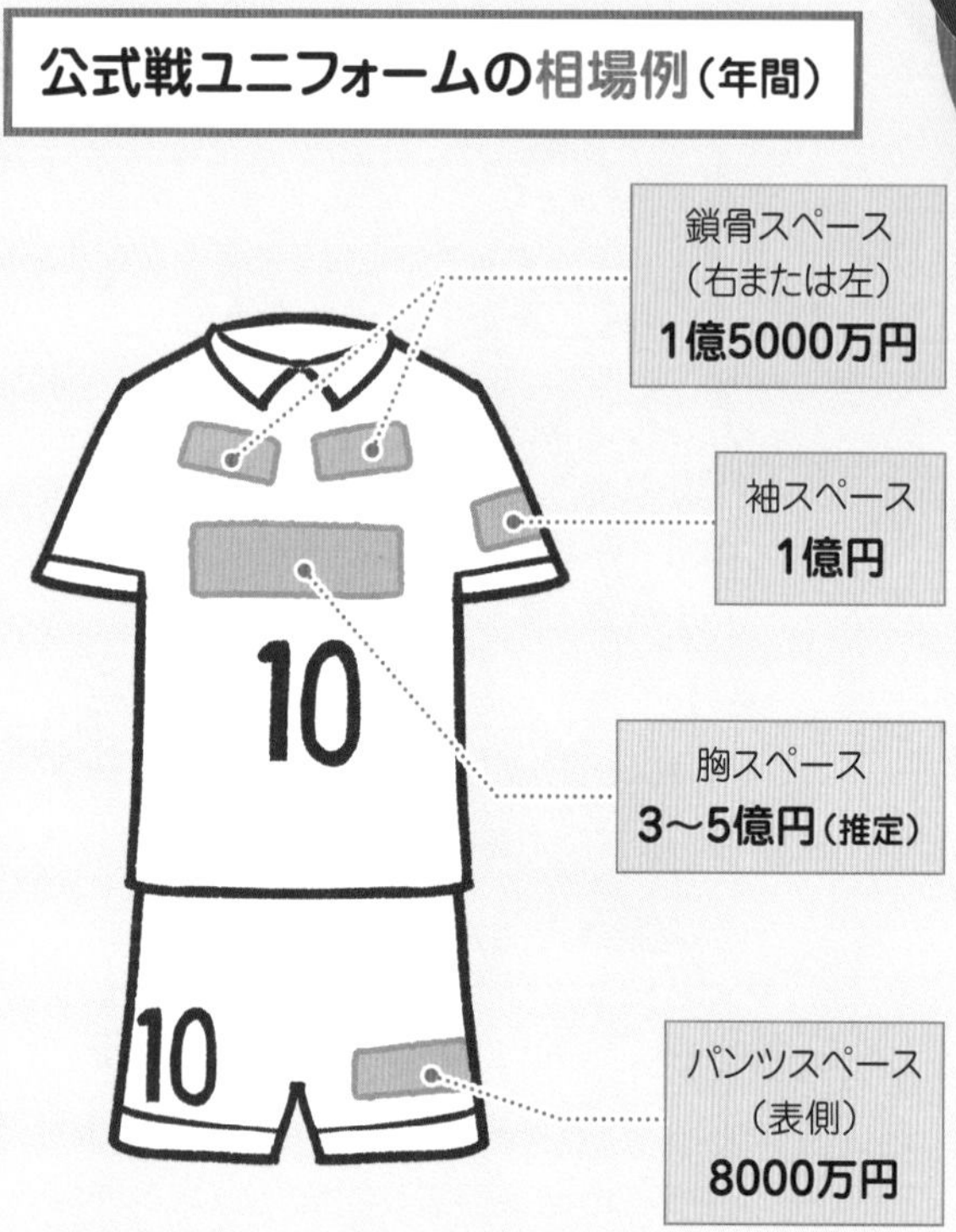

※ 金額は川崎フロンターレが公開している資料に基づく。ただし、胸スペースは親会社の富士通（FUJITSU）のロゴが入るため、値段はJ1リーグの平均値から算出した。

クラブの知名度や強さが値段に影響する

プロサッカーの試合を見ていると、選手のユニフォームの色々なところに企業名やロゴが広告として入っていることに気づくでしょう。そうした広告収入はクラブの経営を支える重要な収入源です。

ユニフォームに入る広告の値段はクラブの強さや知名度によって異なります。たとえば、J2に比べてJ1のクラブの

A11
answer

ユニフォームの位置によって値段は異なる

その他の値段

トレーニングウェア（練習着）	胸スペース	3000万円
	背中スペース	2000万円
	袖スペース（右または左）	1000万円
	鎖骨スペース（右または左）	1000万円
試合前アップシャツ	胸スペース	2000万円
	背中スペース	1000万円
	袖スペース（右または左）	1000万円
	鎖骨スペース（右または左）	1000万円

方が圧倒的に露出度が高いので、Ｊ１のクラブの広告の方が割高になります。また、**ユニフォームのどこに広告を入れるかによっても値段が変わってきます。**川崎フロンターレが公開している資料によると、同クラブの公式戦ユニフォームスポンサーとして、背中にロゴを掲出できる金額は２億５０００万円。一番安いパンツスペース裏側でも６０００万円します。

コラム 01

代理人（エージェント）が果たす役割とは？

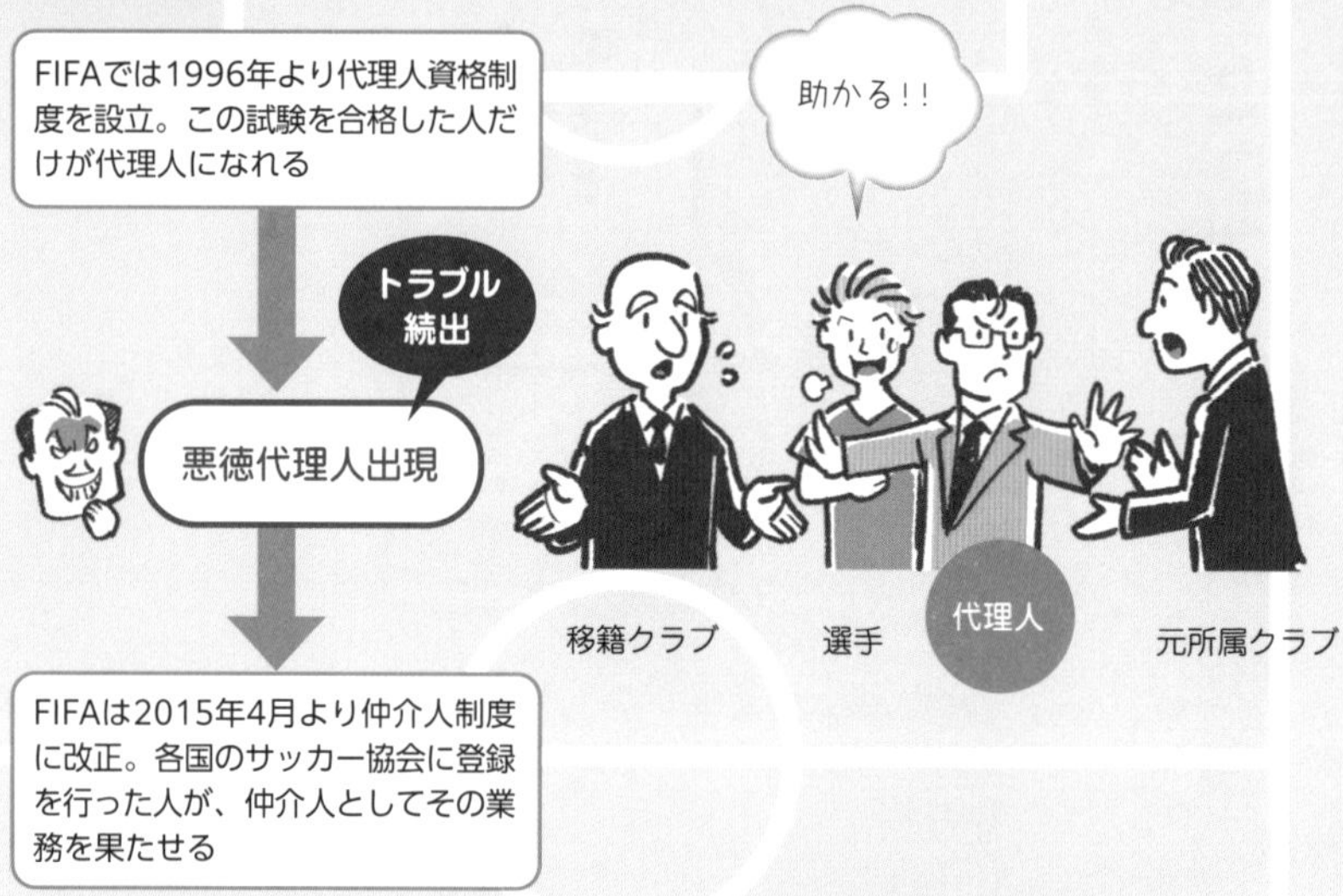
FIFAでは1996年より代理人資格制度を設立。この試験を合格した人だけが代理人になれる
トラブル続出
悪徳代理人出現
FIFAは2015年4月より仲介人制度に改正。各国のサッカー協会に登録を行った人が、仲介人としてその業務を果たせる
助かる！！
移籍クラブ
選手
代理人
元所属クラブ

選手の移籍時に出てくる存在として代理人がいます。代理人は、所属クラブを離れれば孤立する選手にとって、重要な存在です。とくに海外クラブからオファーがあったとき、選手と契約した代理人がそれを聞き管理します。オファーには移籍金や選手への年俸など多様な条件があるので、それも聞いた上で選手にその条件を提示し、時に行くべきクラブを勧めます。もちろん移籍はクラブの格や選手として出場できるかの条件があるので、お金だけで決まるものではありませんが、お金も条件の1つになります。代理人の仕事は広く、肖像権のチェックなどの財政面の管理から、移籍時の新居探しまでを行うこともあるように選手にとってはまさに貴重な存在になります。なお、代理人の収入は契約成立時の3～5%とされています。年俸10億なら、3000万円以上が入ることになります。複数の選手を担当すれば1シーズンで莫大な収入を得ることもできるでしょう。

第2章

スタジアム所有のコストと収入

スタジアム建設には巨額の費用がかかりますが、それを負担するのは誰でしょうか？　また、ヨーロッパではビッククラブがスタジアムを所有するケースが多いですが、日本においてはどのようになっているでしょうか？　また、サッカー専用スタジアムと陸上トラック併設のスタジアムとの差異も考察します。

Q1 question

スタジアムの建設費はいくらかかる？

日産スタジアム（陸上トラック併設）

イマイチ
見にくい
トラックのせいで
スタンドとピッチの
距離が離れている

Jクラブスタジアムのスタンドからピッチまでの距離

スタジアム名	スタンドから タッチライン までの距離	スタンドから ゴールライン までの距離	備考
日産スタジアム	30m	41.5m	陸上トラック併設
長居球技場	28m	44m	陸上トラック併設
味の素スタジアム	22.4～23.9m	38.5～40.4m	球技専用スタジアム※
埼玉スタジアム2002	14m	19m	サッカー専用スタジアム
ノエビアスタジアム神戸	6～9m	10m	サッカー・ラグビー兼用
パナソニックスタジアム吹田	7m	10m	サッカー専用スタジアム

※サッカー以外のラグビー、アメリカンフットボールなどの球技を含む。

ピッチ上の熱い戦いを演出するスタジアム

スタジアムでのサッカー観戦の醍醐味の一つに、贔屓チームのホームでの熱戦をピッチ（フィールド）近くで観戦することがあります。そのため、現在は陸上トラック併設のスタジアムではなく、スタンドとピッチの距離が近いサッカー専用スタジアムがトレンドになっています※。では、そうしたスタジアムを建設するためにかかる費用はどれくらいになるのでしょうか？

※２０３１年までに10クラブほどがサッカー専用スタジアムの建設を予定している。

埼玉スタジアム
2002
（サッカー専用）
臨場感がスゴイ！
これからはサッカー専用がスタンダードになるわ

A1 answer

国内最高額のスタジアムは603億円 サッカー専用スタジアムの最高額は356億円

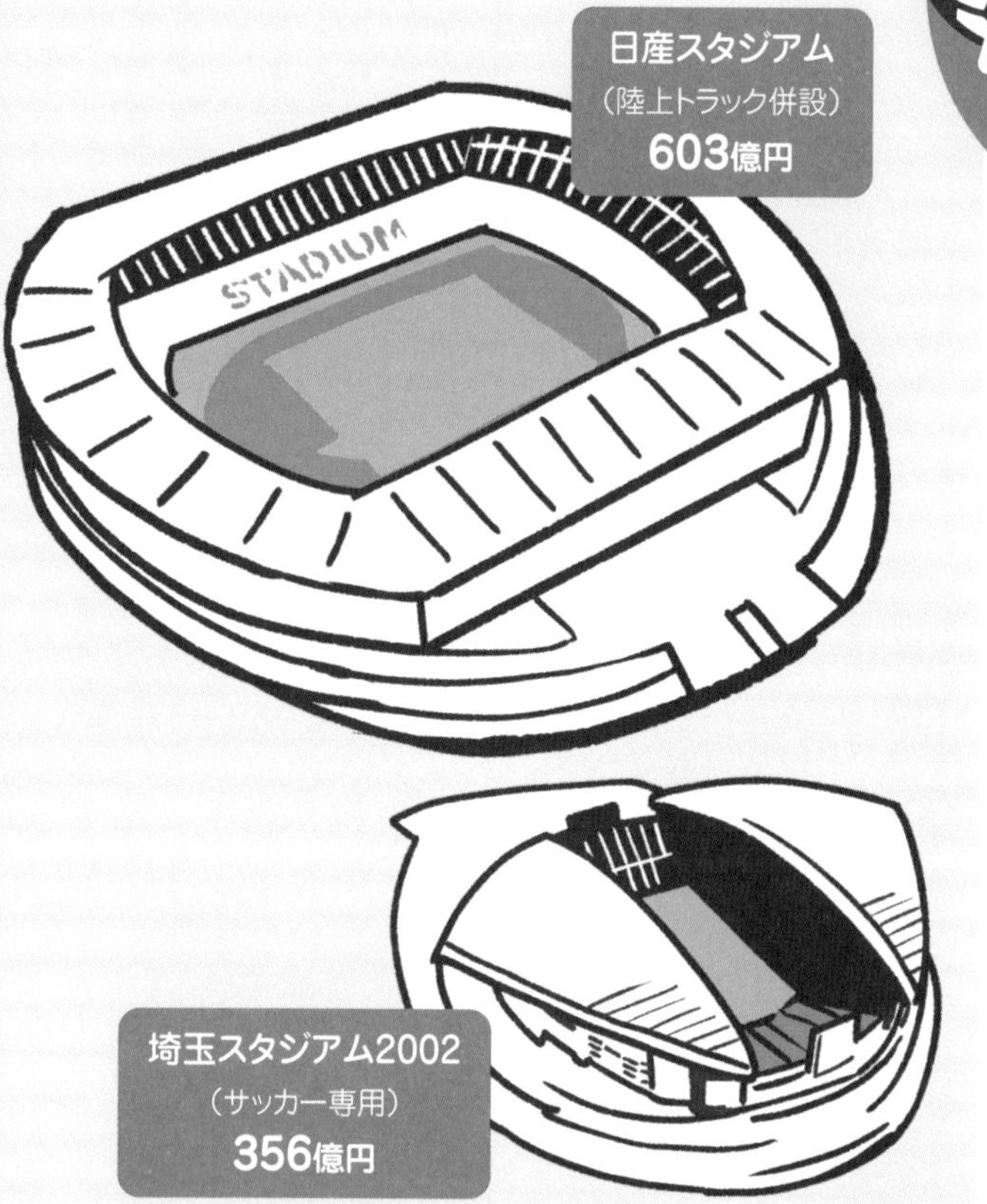

スタジアムはクラブの重要な財産

Jリーグのクラブにとってホームスタジアムは重要な収益獲得資産であり、クラブ経営にとってかかせないもの。一応、J1のリーグ規定でホームスタジアムの収容人数が1万5000人以上であることが義務付けられていますが、収容人数が多いほど収益が大きくなるので、人気チームほど観客席が多いスタジアムをホームとする傾向があります。もちろん、その

収容人数が多いほど
スタジアムの収益は大きくなる

Jクラブの代表的なホームスタジアムの建設費

スタジアム名	ホームチーム	建設費（円）	収容人数	備考
日産スタジアム	横浜F・マリノス	約603億	72,327	陸上競技場兼球技場
埼玉スタジアム2002	浦和レッズ	約356億	63,700	サッカー専用スタジアム
味の素スタジアム	FC東京	約307億	48,013	球技専用スタジアム
豊田スタジアム	名古屋グランパス	約340億	44,380	球技専用スタジアム
札幌ドーム	コンサドーレ札幌	約422億	41,484	サッカー・野球兼用スタジアム
カシマサッカースタジアム	鹿島アントラーズ	約193億	40,830	サッカー専用スタジアム
パナソニックスタジアム吹田（市立吹田サッカースタジアム）	ガンバ大阪	約141億	40,000	サッカー専用スタジアム
ノエビアスタジアム神戸	ヴィッセル神戸	約230億	28,425	球技専用スタジアム
駅前不動産スタジアム	サガン鳥栖	約67億	24,490	球技専用スタジアム
ヨドコウ桜スタジアム	セレッソ大阪	約48億	24,074	球技専用スタジアム

分、左ページの図表を見るとわかるように、建設費は高くなります。

国内の最高額のスタジアムは横浜F・マリノスの日産スタジアムで、建設は603億円。ただし、日産スタジアムは陸上トラック併設なので、サッカー専用スタジアムでの最高額はJリーグ屈指の人気チームである浦和レッズのホームの埼玉スタジアム2002で356億です。

なお、スタジアムの建設費の資金調達方法としては、企業（親会社や地元企業など）や個人からの寄付金や、国や自治体などからの公的資金の投入などが挙げられます。

Q2
question

スタジアムの命名権料っていくらかかる？

クラブの知名度や露出度が反映する命名権料

企業がお金を支払って、スタジアムに企業名やブランド名を付けることができる権利を命名権、ネーミングライツと呼びます。**命名権料はクラブの知名度や露出度などで決まります。**トップカテゴリーのJ1のクラブなら年間3000～8000万円、J2のクラブなら1000～5000万円、J3

国内の命名権料の最高額

2億3000万円！

命名権による愛称・呼称：味の素スタジアム／**正式名称・旧称：**東京スタジアム／**ホームチーム：**FC東京、東京ヴェルディ／**企業：**味の素／**期間：**2003年3月1日～2024年2月29日／**年間契約金額：**2億3000万円

A2
answer

日本国内では 年間2億3000万円が最高

なら1000万以下というのがおおよその相場になります。

Jクラブのホームスタジアムで一番高いのは、味の素スタジアムの年間2億3000万円で、次に日産スタジアムの年間1億5000万円が続きますが、J1のクラブであっても1億を超えることはめったにありません。

海外では、マンチェスター・シティの本拠地のように、10年間で4億ポンド（約520億円）にも上るケースもあります。

1億円！

命名権による愛称・呼称：サンガスタジアム by Kyocera／**正式名称・旧称**：京都府立京都スタジアム／**ホームチーム**：京都サンガF.C.／**企業**：京セラ／**期間**：2020年2月～（20年間）／**年間契約金額**：1億円

1億5000万円！

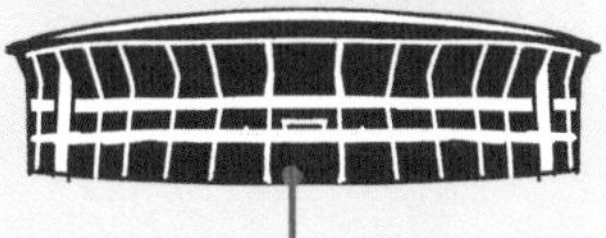

命名権による愛称・呼称：日産スタジアム／**正式名称・旧称**：横浜国際総合競技場／**ホームチーム**：横浜・Fマリノス／**企業**：日産自動車／**期間**：2005年3月1日～2026年2月28日／**年間契約金額**：1億5000万円

プロ野球なら年間5億円が最高！

ヤフー株式会社がソフトバンクの本拠地を「福岡　ヤフオク！ドーム」と命名！

海外では10年間で約520億円も！

エティハド航空（アラブ首長国連邦アブダビ）がイングランド・プレミアムリーグのマンチェスター・シティの本拠地を「エティハド・スタジアム」と命名！

Q3
question

Jリーグのチケットは高い？ 安い？

埼玉スタジアム2002の例

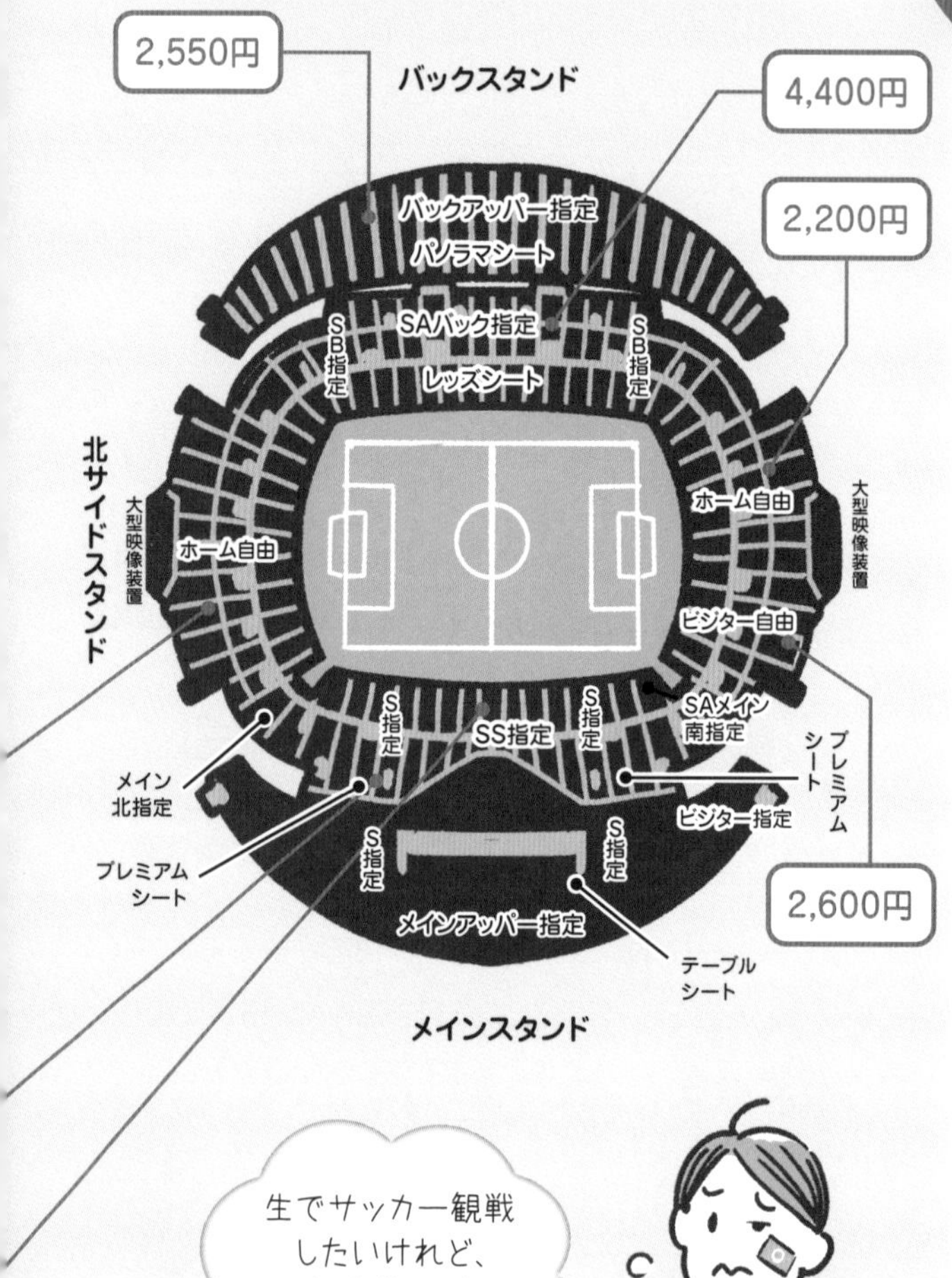

多様な料金設定で、さまざまな観客のニーズに応える

Jリーグの試合を観戦しようとしたものの、複雑な料金設定に迷った人もいるでしょう。実際、クラブごとに料金は違うし、座席によってピンキリで、高いとも安いとも言えます。たとえば、ゴール裏など決して見やすくないという席は割安ですが、毎回足を運ぶサポーターにはやさしい席になっています。あるいは、ゆっくり座って観戦したい人にはメインスタンドの指定席がオススメですが、その分値段は高くなります。

Jクラブのチケット代の一例（2023年現在）

J1

コンサドーレ札幌	ピッチエリアシート＝9,200円～ カテゴリー5＝3,250円
浦和レッズ	S指定席＝5,300円～ ホーム自由席＝2,200円～
横浜FC	メイン特別指定席＝4,500円～ ゴール裏＝2,600円

J2

モンテディオ山形	メインスタンドSS＝10,200円～ 自由席＝3,200円
東京ヴェルディ	メインSS＝4,300円～ 自由席＝2,200円

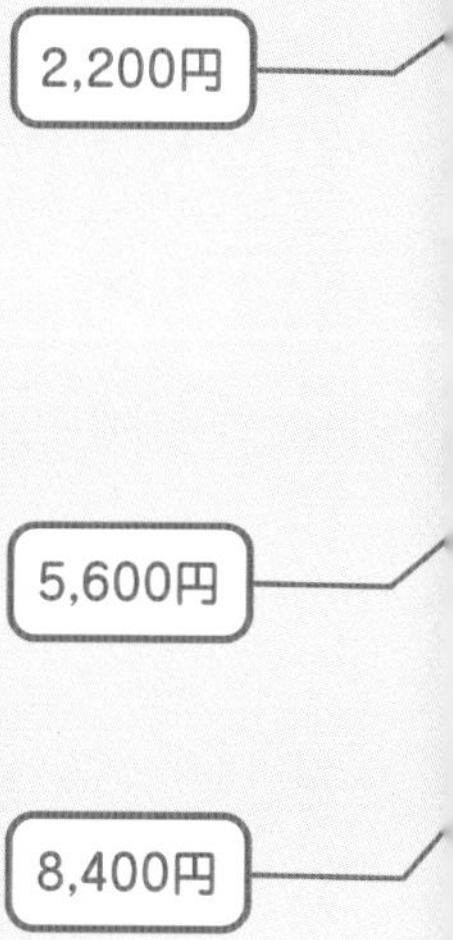

●チケットの価格変動制（ダイナミックプライシング）

Jリーグの多くのクラブでは、AIを用いたビッグデータ分析により、需要予測を行い、需要に応じたチケット価格の変更を自動的に行なっている。

A3
answer

J1クラブのチケット平均単価は 4000円以下

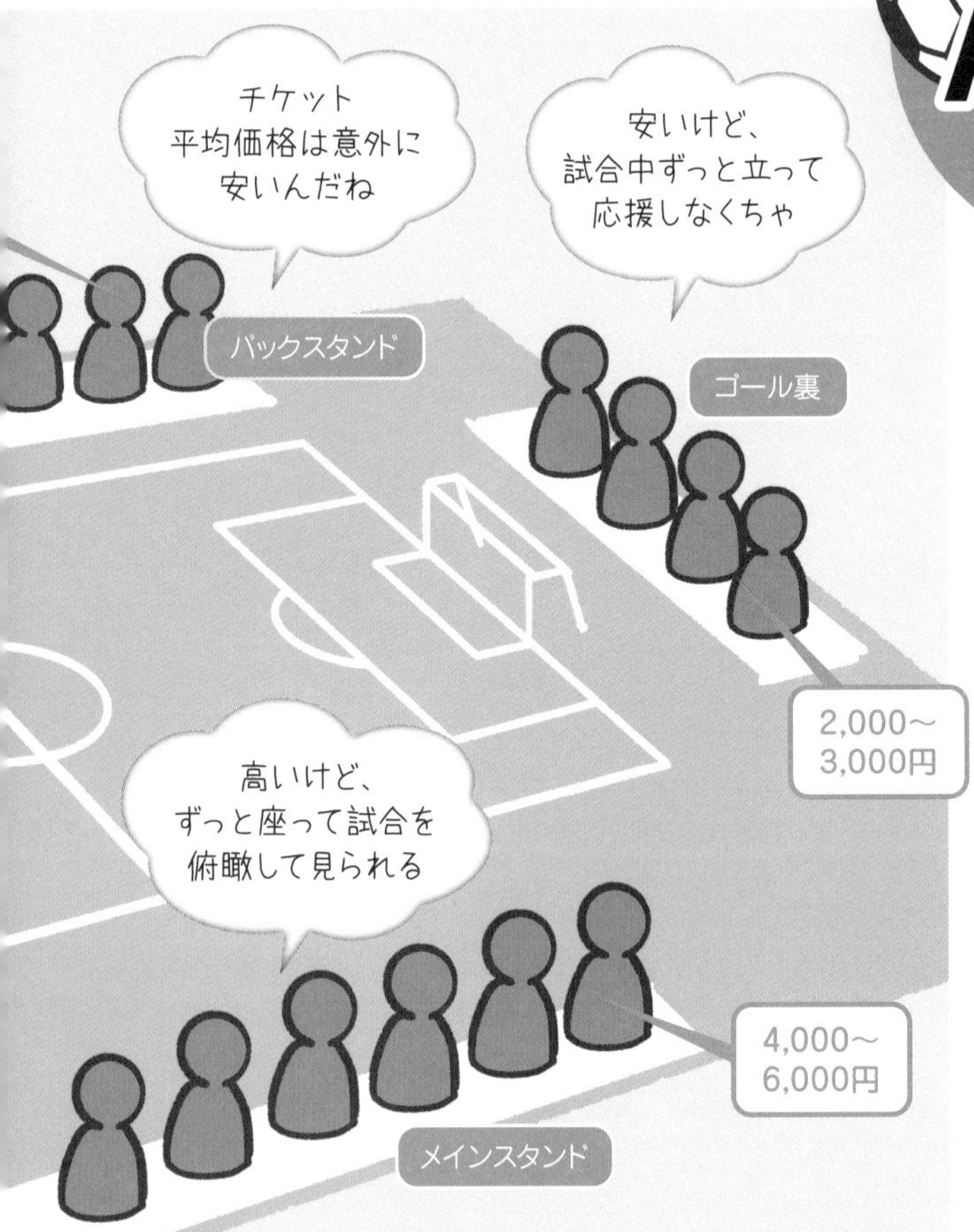

チケット
平均価格は意外に
安いんだね
安いけど、
試合中ずっと立って
応援しなくちゃ
バックスタンド
ゴール裏
2,000～
3,000円
高いけど、
ずっと座って試合を
俯瞰して見られる
4,000～
6,000円
メインスタンド

大物選手獲得クラブはチケット単価が上がる

ピンキリのＪクラブのチケット代ですが、平均単価を算出することはできます。これは入場料収入から入場者数を割って導く単純なものです。その結果、Ｊリーグでは浦和レッズが一番高くて約４０００円です。他クラブには高い座席はかなりの値段なのに、平均は高くないところがあります。これは無料招待チケットがあるためと言われます。

Jクラブのチケット単価ベスト5（2019年）

	順位	チーム	入場者合計（人）	入場料収入（百万円）	チケット単価（円）
J1	1	浦和	581,135	2,300	3,958
	2	神戸	365,349	1,260	3,449
	3	鳥栖	255,845	760	2,971
	4	鹿島	349,678	996	2,848
	5	横浜FM	459,168	1,286	2,801

	順位	チーム	入場者合計（人）	入場料収入（百万円）	チケット単価（円）
J2	1	柏	198,887	414	2,082
	2	山口	118,718	216	1,819
	3	大宮	199,040	332	1,668
	4	甲府	173,742	286	1,646
	5	新潟	304,445	500	1,642

	順位	チーム	入場者合計（人）	入場料収入（百万円）	チケット単価（円）
J3	1	讃岐	35,906	45	1,253
	2	北九州	102,831	124	1,206
	3	長野	51,006	45	882
	4	熊本	94,065	83	882
	5	鳥取	37,889	1,286	845

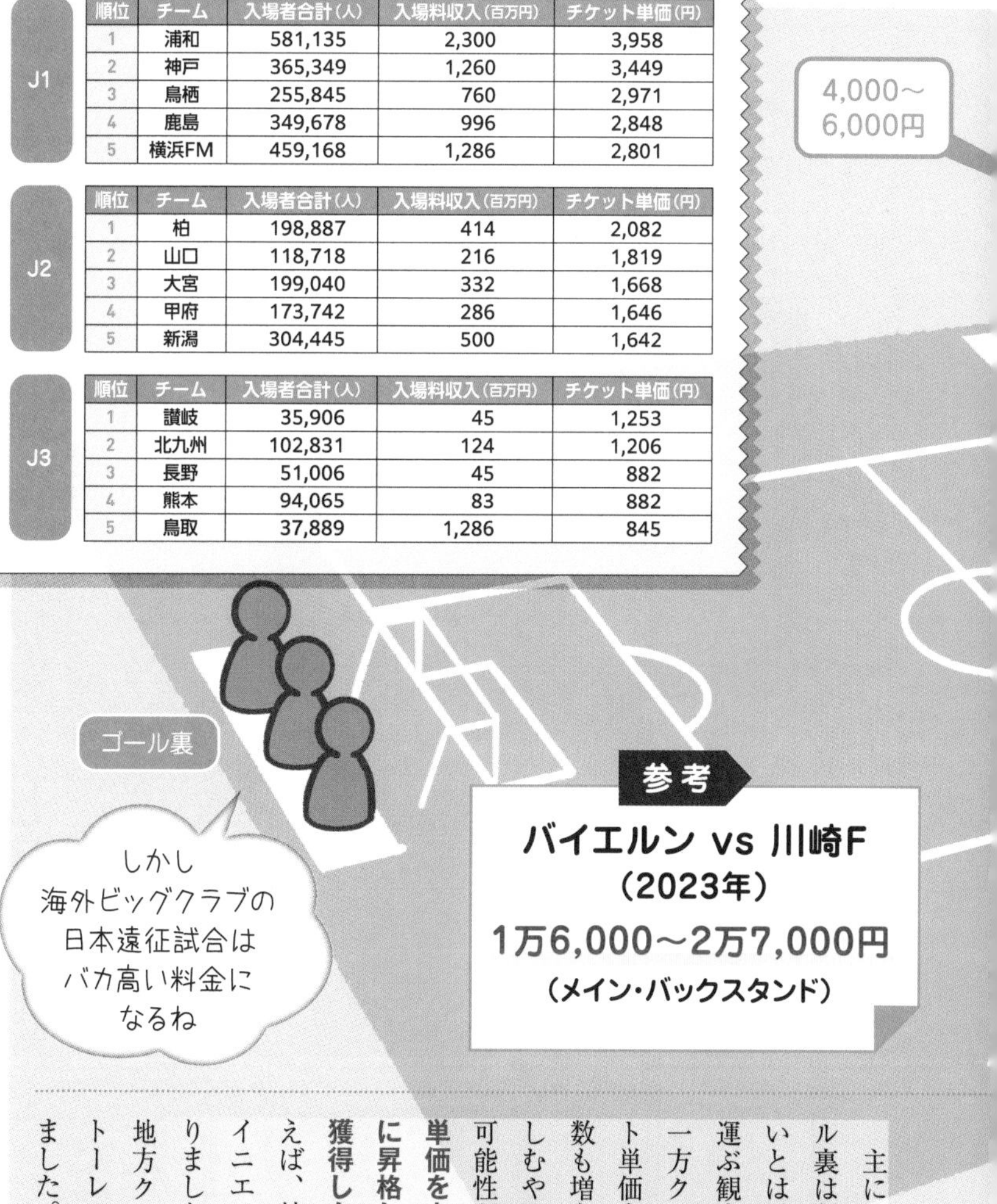

主にサポーターが陣取るゴール裏は割安になります。見やすいとは言えないものの毎回足を運ぶ観客には悪くない価格です。一方クラブ側から見るとチケット単価を上げて、それでも観客数も増えるのが理想です。しかしむやみに上げると観客が減る可能性があります。**Jクラブで単価を上げたのは、上位リーグに昇格したクラブ、大物選手を獲得したクラブ**などです。たとえば、神戸は入場料を上げてもイニエスタ見たさに観客が集まりました。また、鳥栖のような地方クラブでもフェルナンド・トーレスを獲得して単価を上げました。

Q4
question

スタジアムに広告を出すのにいくらかかる？

スタジアムで期待される露出

スタジアムに点在する広告の掲載料

サッカー中継を見ていると、観客席の手前にある広告は特に目立ちます。さらに会場に足を運べば、場内の至るところに掲載されている多くの広告を目にすることでしょう。スタジアムによって掲載できる場所はさまざまですが、サッカースタジアムに広告を出すには、一体どれくらいの費用がかかるのでしょうか？

新聞
7連勝!!
SOCCER
雑誌
スタジアムに広告を出すことで、来場者だけでなく、さまざまな媒体で自社を宣伝できる！
広告主

スタジアム広告のデメリットとは?

- 広告費用が高い
- 広告は社名のみが基本で広告できる内容が少ない

A4
answer

スタジアムや掲載場所によって価格が大きく異なる

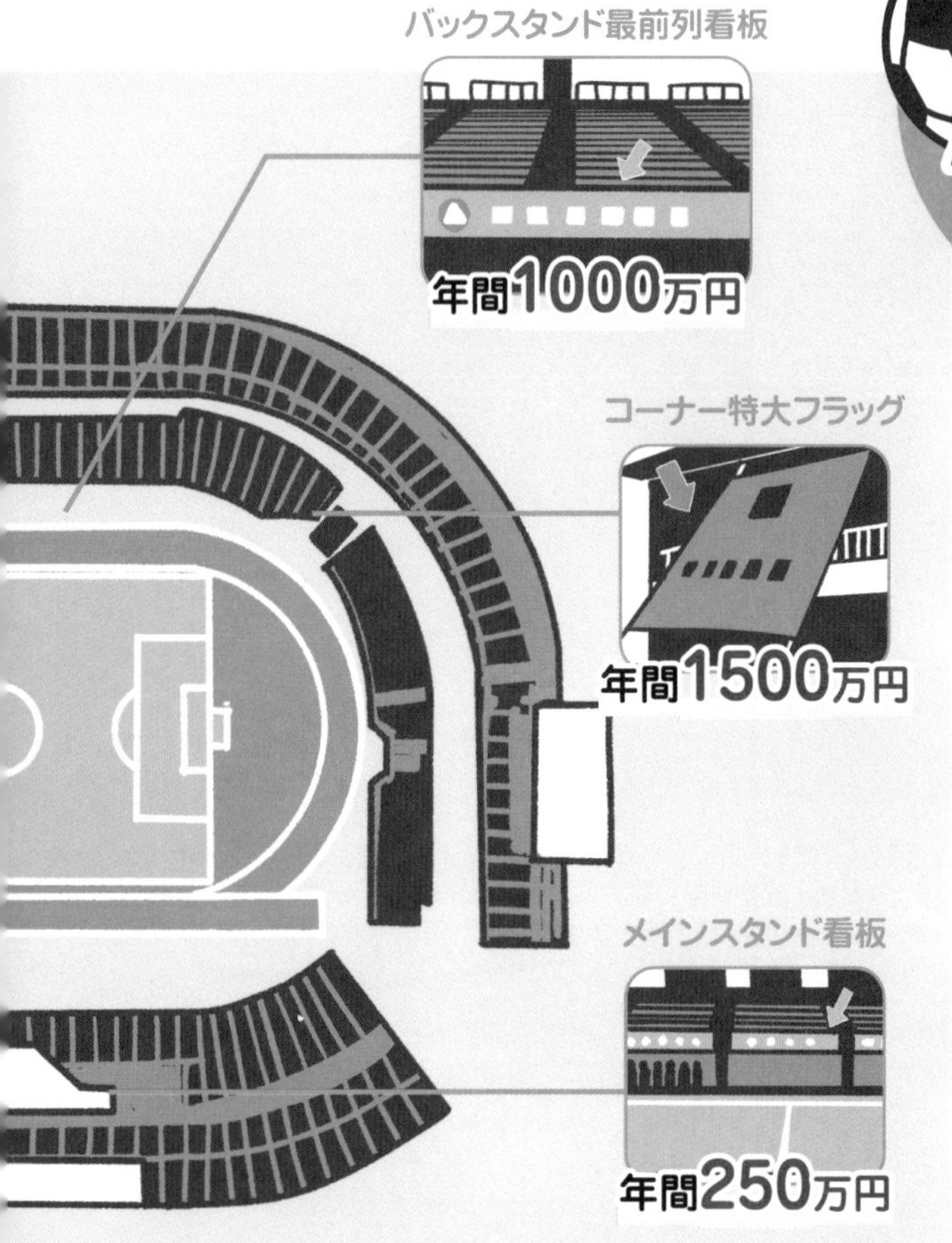

スタジアム内の掲載場所によって１０００万円の開きが！

サッカースタジアムの広告は、スタジアムや場内の掲載場所、期間によってまちまちです。今回は、２０２２年度の川崎フロンターレの例を見てみましょう。

中継で露出度が低い場所や来場者に対して存在感の薄い場所は、比較的安い傾向にあります。例えば、選手ベンチ広告やペアシート広告は、年間３００万円で広告を

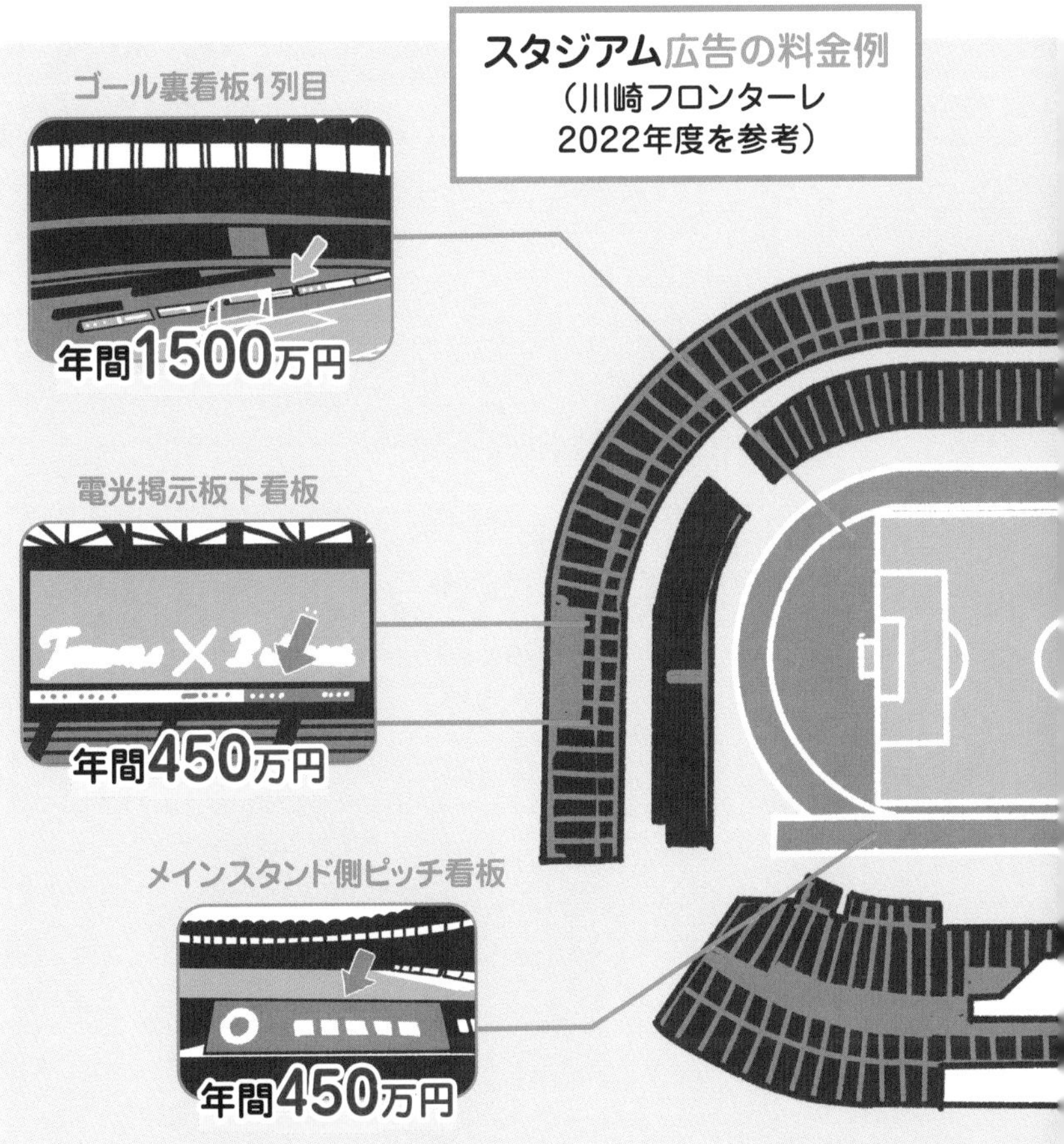

掲載できます。一方、**試合中に注目が集まるゴール裏看板の１列目に広告を掲載する場合は、１５００万円が必要です**。また、掲載場所によっては、制作管理費として別途10万円が加算されます。

Ｊ１クラスのスタジアムでは、大企業や知名度の高い企業が多く広告を出していますが、Ｊ２やＪ３クラスになると地元企業が数多く名を連ねます。ちなみに、コロナ禍の２０２０年６月に山梨中銀スタジアムで行われた試合（甲府対新潟）では、観客の代わりに主に地元企業による「広告幕」が観客席を埋め尽くし話題になりました。

Q5
question

スタジアムは誰の所有物？

海外のビッククラブのスタジアムは自前

Jリーグの各クラブのホームスタジアムの所有者は当然クラブだと思っている人が多いと思います。確かにヨーロッパに目を向ければ、バルセロナのカンプ・ノウ、レアル・マドリードのサンティアゴ・ベルナベウ、マンチェスター・ユナイテッドのオールド・トラッフォードなど、クラブがスタジアムを所有している例が数多く見られます。果たして、日本もそうなのでしょうか？

A5
answer

クラブではなく、自治体がスタジアムを所有

国内主要スタジアム事例

●埼玉スタジアム2002

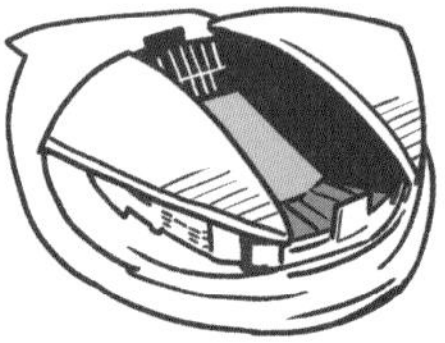

施設所有者	埼玉県
指定管理者	埼玉スタジアム2002公園マネジメントネットワーク
Jリーグホームチーム	浦和レッズ

●カシマサッカースタジアム

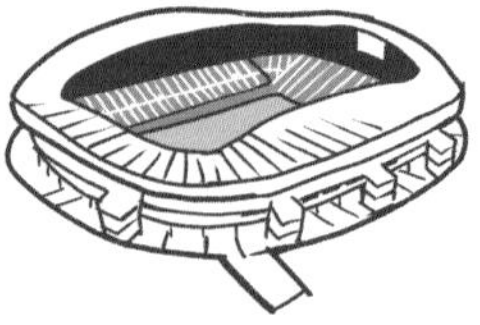

施設所有者	茨城県
指定管理者	(株)鹿島アントラーズ・エフ・シー
Jリーグホームチーム	鹿島アントラーズ

所有者が自治体であることのメリットとデメリット

Jクラブのホームスタジアムのほとんどは所有者が自治体で、施設の維持・管理は条例に基づいて委任された指定管理者が行う形式が一般的です。たとえば、埼玉スタジアムは所有者が埼玉県で、指定管理者が「埼玉スタジアム2002公園マネジメントネットワーク」になっています。

自治体が所有者になることのメリットとして、クラブがスタ

●エコパスタジアム

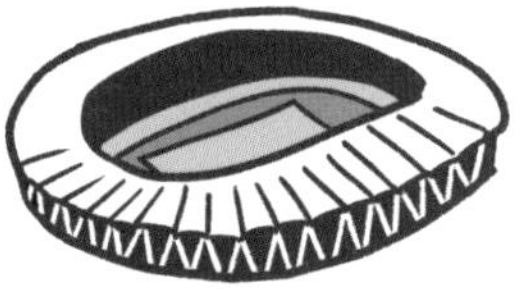

施設所有者	静岡県
指定管理者	静岡県サッカー協会グループ
Jリーグ ホームチーム	清水エスパルス ジュビロ磐田

●日産スタジアム

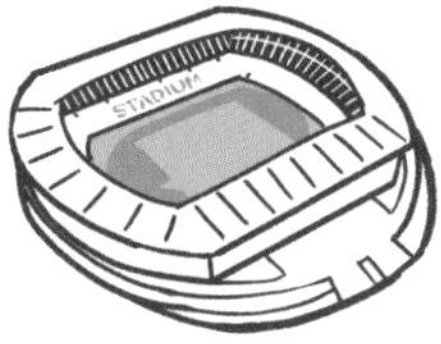

施設所有者	横浜市
指定管理者	横浜市スポーツ協会・ 横浜マリノス・ 管理JV共同事業体
Jリーグ ホームチーム	横浜F・マリノス

スタジアムの新しい試み

G大阪のホームスタジアムの市立吹田サッカースタジアムは、G大阪が主体となって建設し、完成後、固定資産税の節税のために市に寄付し、運営管理を指定管理者としてG大阪が行っている。また、2024年完成予定の長崎スタジアムシティ（V･ファーレン長崎のホーム）は、ジャパネットグループを中心に民間主導で作られる複合施設で、スタジアムの周辺にはオフィスやホテルなどの商業施設が併設される。

ジアムの建設費や維持・管理費を負担しなくていいことが挙げられます。デメリットとしては、スタジアムで試合を開催する際に使用料をクラブが支払わなければならないこと、スタジアム内での飲食（いわゆるスタグル）やグッズの販売利益の一部を指定管理者に支払う必要などが挙げられます。

日本の**ほとんどのスタジアムが抱える問題点としては、収入よりも維持・管理費が上回ること**、赤字体質であることが指摘されています。そして、その赤字は主に自治体により補填されるので、税金の無駄遣いという批判があります。

コラム 02

サッカー専用スタジアムを巡る自治体の意識の変化

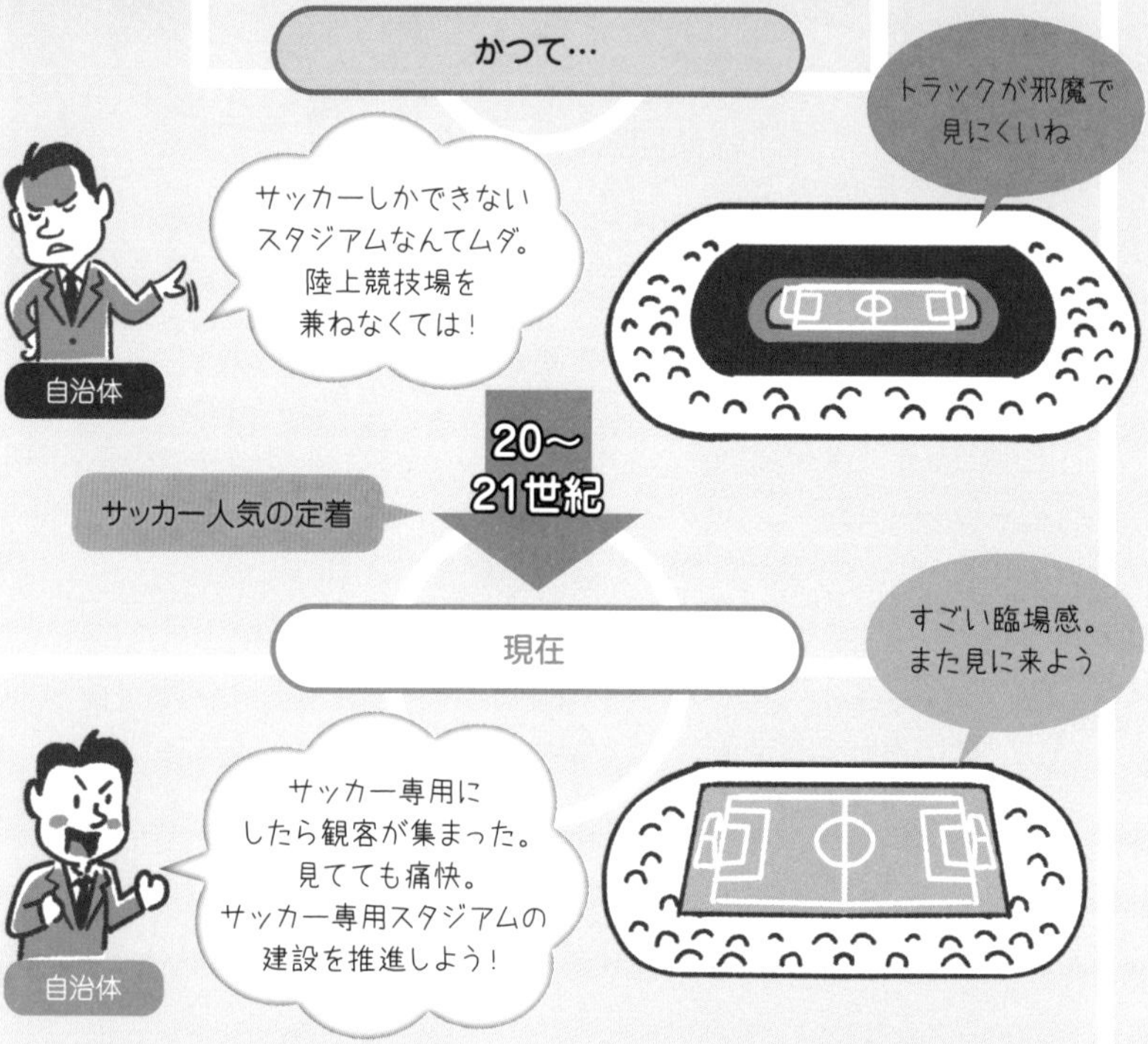
かつて…
サッカーしかできないスタジアムなんてムダ。陸上競技場を兼ねなくては！
自治体
トラックが邪魔で見にくいね
20〜21世紀
サッカー人気の定着
現在
サッカー専用にしたら観客が集まった。見てても痛快。サッカー専用スタジアムの建設を推進しよう！
自治体
すごい臨場感。また見に来よう

かつて多くの自治体は陸上トラックを入れた競技場の方が多目的に使えると考えて、陸上トラック併設の競技場に固執する傾向がありました。しかし、欧州や南米ではサッカー専用スタジアムが無数にあります。昨今、日本でもサッカー人気が定着し、専用スタジアムの需要が高まっています。トラックがなくピッチが近い方が見やすく、選手との一体感を得られるからです。一方、自治体の関心も、地元のクラブが昇格することや、降格しないこと、スタジアムが常にほぼ満員であることに移っています。こうしたことから、今後はサッカー専用スタジアムが増えていくことが予想されます。

第3章

フロントがチーム強化のために行うマネジメント

Jクラブのフロントは、選手の獲得などのチーム編成や、チケットの販売、スポンサーへの営業、ホームゲームの運営、グッズの販売など、その役割は多岐に渡っています。特に現場（トップチーム）とフロントの橋渡しをするGM（ゼネラルマネージャー）には大きな権限の代わりに、それだけの責任が伴います。

Q1 question

フロントって何をするの？

ワー
ワー
フロントは責任をとれ！
格下のチームに敗北！
選手
コーチ
GMに敗北の説明を求める！
道を空けて！
運営スタッフ
ワー
ワー

サポーターの対応も行う？

チームの連敗が続くと、フロントがサポーターから激しい批判を受けることが多々あります。たとえば、２０１９年の天皇杯で格下のチームに敗北した浦和レッズのサポーターは試合後に選手などを乗せたバスを囲み、直談判を要求。このとき、浦和のフロントの責任者の１人であるＧＭがサポーターに謝罪しましたが、フロントとは本来どんな役割を担っているのでしょうか？

GMに任せよう……
監督
まあまあ落ち着いて……
今後のチームの立て直しについてGMの私が説明します
GM
社長

A1 answer

チームを支える裏方の仕事をする

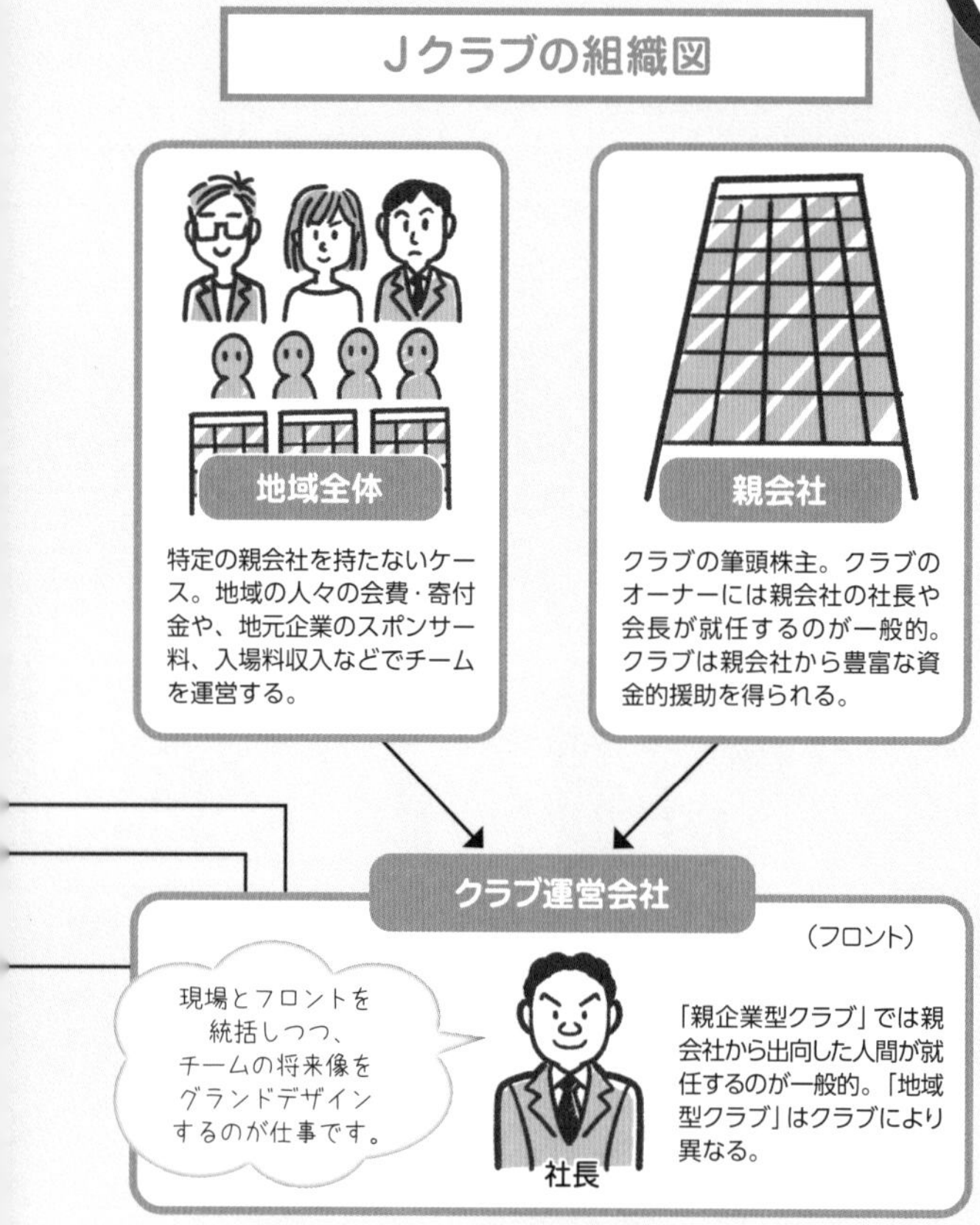

Jクラブの組織図
地域全体
特定の親会社を持たないケース。地域の人々の会費・寄付金や、地元企業のスポンサー料、入場料収入などでチームを運営する。
親会社
クラブの筆頭株主。クラブのオーナーには親会社の社長や会長が就任するのが一般的。クラブは親会社から豊富な資金的援助を得られる。
クラブ運営会社
（フロント）
現場とフロントを統括しつつ、チームの将来像をグランドデザインするのが仕事です。
社長
「親企業型クラブ」では親会社から出向した人間が就任するのが一般的。「地域型クラブ」はクラブにより異なる。

GMの仕事は幅広い

チームの戦術を考え、選手を指導して勝利を目指すのが監督の仕事だとしたら、フロントは選手や監督が働きやすいような環境を整える裏方と言えるでしょう。特に、現場とフロントの間を取り持つ重要なポジションがGM（ゼネラルマネージャー）※です。その役割は、監督やコーチなどの現場のスタッフ選定、中長期的なチームの戦うコンセプト（戦略）を決める、監督の強化リクエストも参考にし、

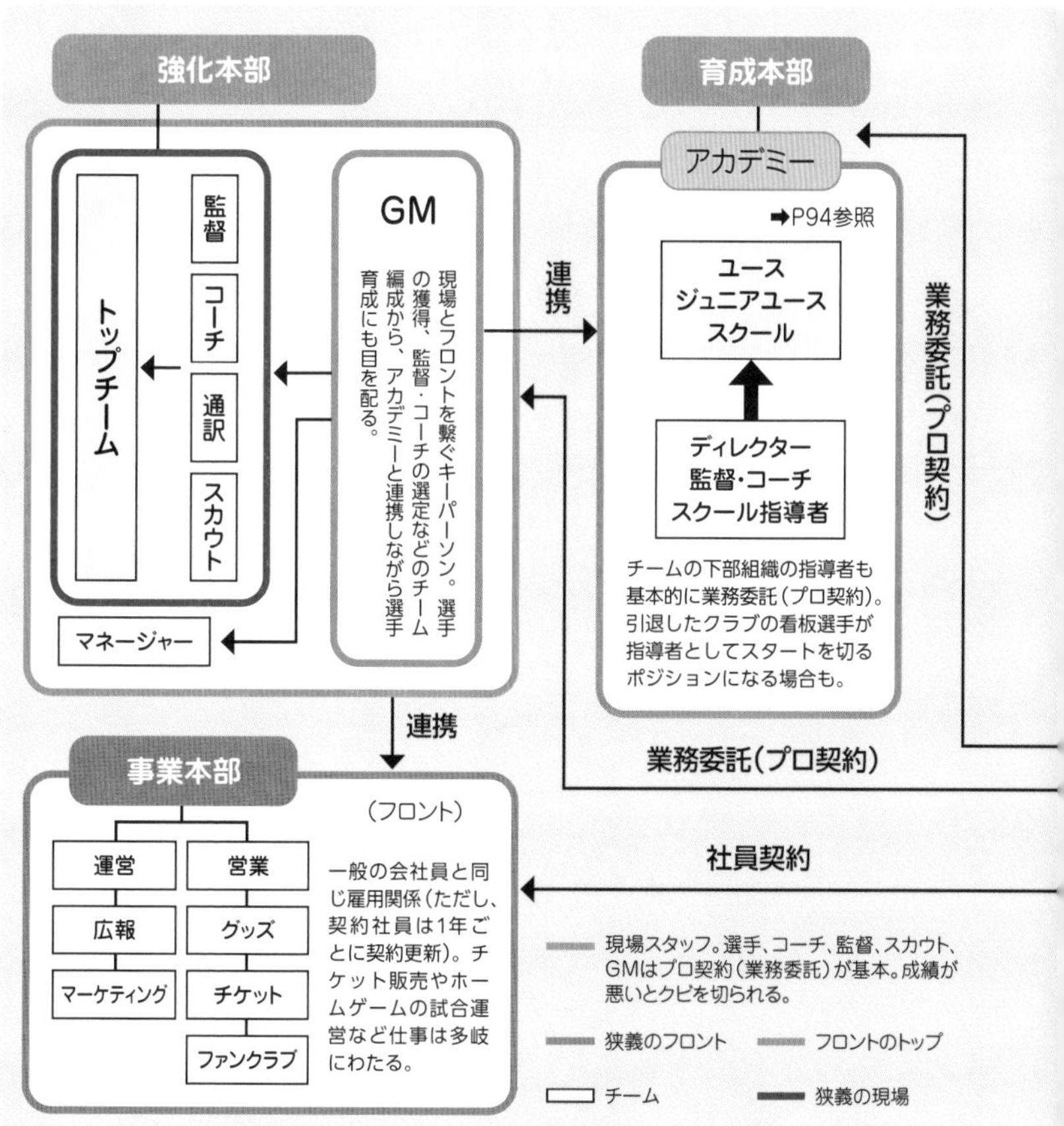
強化本部
監督
コーチ
通訳
スカウト
トップチーム
マネージャー
GM
現場とフロントを繋ぐキーパーソン。選手の獲得、監督・コーチの選定などのチーム編成から、アカデミーと連携しながら選手育成にも目を配る。
連携
育成本部
アカデミー
➡P94参照
ユース
ジュニアユース
スクール
ディレクター
監督・コーチ
スクール指導者
チームの下部組織の指導者も基本的に業務委託（プロ契約）。引退したクラブの看板選手が指導者としてスタートを切るポジションになる場合も。
業務委託（プロ契約）
連携
業務委託（プロ契約）
事業本部
（フロント）
運営
営業
広報
グッズ
マーケティング
チケット
ファンクラブ
一般の会社員と同じ雇用関係（ただし、契約社員は1年ごとに契約更新）。チケット販売やホームゲームの試合運営など仕事は多岐にわたる。
社員契約
現場スタッフ。選手、コーチ、監督、スカウト、GMはプロ契約（業務委託）が基本。成績が悪いとクビを切られる。
狭義のフロント
フロントのトップ
チーム
狭義の現場

スカウトとともに選手獲得に向けて動く、ジュニアユース、ユースチーム、サッカースクールなどの下部チーム（アカデミー）の育成方針を決める、集客力アップのために動く……など多岐に渡っています。特にJ2やJ3の小規模チームのGMは、クラブの顔としてスポンサー探しのための地元企業への挨拶まわりなど、フットワークの軽さが求められます。

　また、純粋な事務スタッフとして、チケットやグッズの販売、経理や人事などを担う部署のスタッフもフロントの重要な構成員です。

※クラブによって、「スポーツディレクター」や「強化部長」など、呼称は異なる。

Q2 question

選手の人件費の適正さを測る指標とは？

大物選手を買い漁《あさ》ると大きなツケが

ほとんどのJクラブでは、支出の半分近くが選手の人件費で占められています。良い選手を獲得するには当然それなりのお金がかかりますが、無闇やたらと大物選手を買い漁るとクラブの財政に看過できない程の重大な負荷をかけることになります。クラブの人件費を計る適正な指標はあるのでしょうか？

しかし、クラブの財政状況を考えると、おのずと限界が…

FC△△
ガーン！
こんなに人件費をかけたら、クラブの経営が破綻するよ！

A2
answer

入場料収入との間に大きな乖離がなければ適正

人件費と入場料収入のバランスが大事

スポンサー収入が景気などに左右されるのに対して、入場料収入は毎シーズンクラブにお金をもたらす予測可能な安定した収益です。ですから、**選手の人件費の適正金額は、入場料収入と同じであるのが理想的です。**特にスポンサー収入が少ないＪ２、Ｊ３のクラブは入場料収入内で人件費を賄うことが重要になってきます。これがＪ１のクラブになってくると、スポンサー収入も多くなり、

入場料収入
人件費
TICKET
入場料収入と同じくらいにおさまる金額が、理想的な人件費なのか……
わかってくれて安心！
GM

そのお金で国内外の優秀な選手を獲得することが可能になり、人件費が入場料収入をある程度上回っても深刻な問題にはなりませんが、それでも人件費と入場料収入との金額があまりにも乖離しすぎると、チームの財務状況は健全と言えなくなります。

目安としては人件費が入場料収入の約2倍以下なら、安全圏と言えるでしょう。その点で、かろうじて合格点をあげられるのは、浦和と大分くらいでしょうか？　特に浦和の場合、2019年度の人件費は入場料収入の1・4倍に収まっています。

ちなみに、2015年度、2016年度の人件費は入場料収入の範囲内でした。

J1クラブの「人件費」と「入場料収入」の比率（2019年）

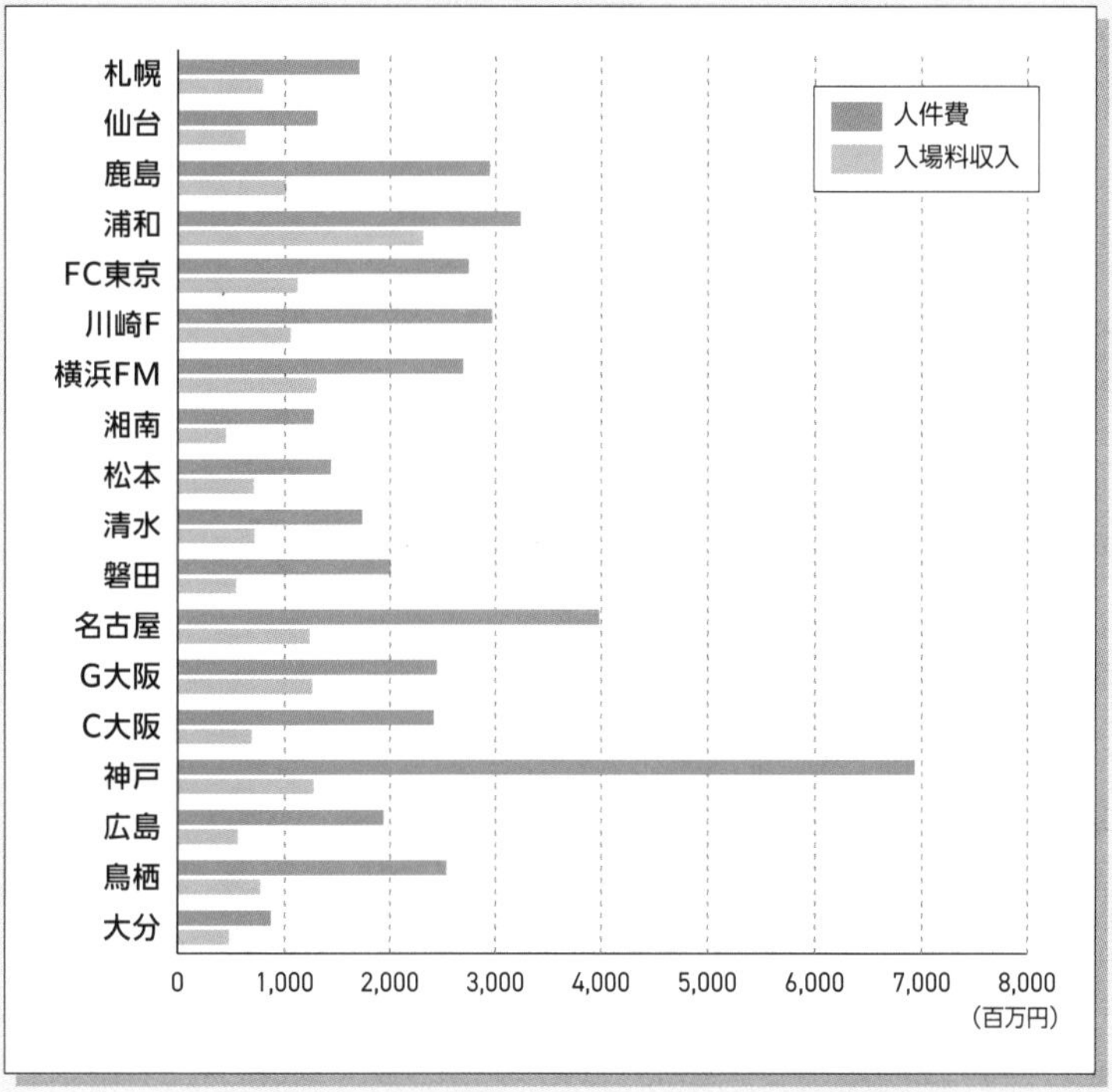

（出典）Jリーグ個別経営情報開示資料より作成

Q3
question

クラブの資金力はチームの強さと関係している？

一流選手を集めれば強くなれるのか？

チームを手っ取り早く強くする一番の近道は、優秀な選手をたくさん揃《そろ》えることでしょう。しかし、そうした一流選手は移籍金や年俸などがとても高いのが常識です。また、いくら補強にお金をかけてもチームの戦術に新加入の選手がうまく適応できなければ、逆にチームが弱体化することも。クラブの資金力とチームの強さに相関関係はあるのでしょうか？

貧乏クラブ
チーム最高年俸
3000万円
J2からの移籍組
年俸1600万円
ユース出身
年俸480万円
総年俸
5億円
うちは金はないけど、
努力と工夫で上位を
めざす！
クラブに資金が
あれば、確かに
良い選手が
集まるけど……
オーナー

A3
answer

クラブの資金力は必ずしも成績に反映されるとは限らない

効率よく選手の人件費を使っているのは？

プロ野球が勝率を争うのに対して、サッカーは勝ち点の多さを競います（勝ち＝3点、引き分け＝1点）。当然勝ち点が1番多いクラブが優勝となります。また、野球と違い、Jリーグには降格制度があるので、シーズン途中で優勝争いから脱落したクラブも降格を避けるために、必死で勝点を積み上げ残留をめざします。そこで、神戸のような親会社から多額の資金

優勝はお金で買えない？

FC△△
10連敗!!
大金を積んだのに、どうして勝てない!?
オーナー
申し訳ありません
チームの連携がイマイチで……
お金をかければいいってわけじゃないのね

援助を得られないクラブは、いかに効率よく人件費を使って勝点を獲得するかを考えるわけです。

下の図表は２０１７年から２０１９年までのＪ１主要チームの勝ち点１あたりの人件費を表したものです。２０１７年、２０１８年と優勝したのは、勝ち点１あたりの人件費が高い神戸でも名古屋でも浦和でもなく、**勝ち点１あたりの人件費が５１００万円の川崎Ｆでした**。川崎Ｆがいかに効率よく人件費を使っていることがわかります。

神戸が一貫して勝ち点１あたりの人件費が高いのは、２０１７年にイニエスタを始めとする大物選手を次々と獲得したからです。

Jクラブ勝ち点1あたりの人件費（2017-2019年）

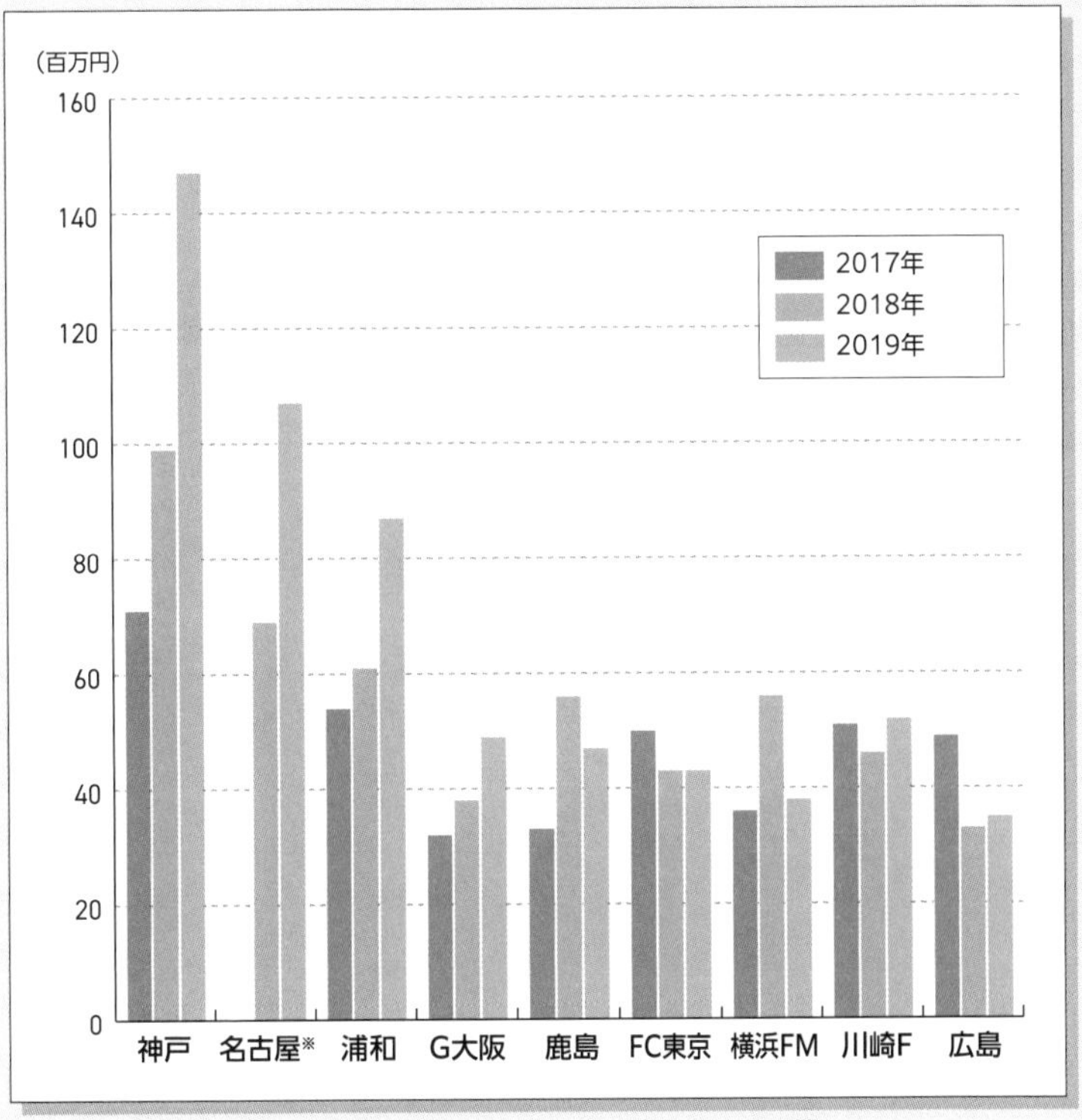

※2017年シーズンはJ2のカテゴリーで戦ったので、この年のデータは未掲載

Q4
question

海外移籍する選手を育成することのメリットとは?

有望選手の海外移籍の是非

移籍金
8000万円!
念願の海外
移籍が叶って、
期待に胸が
膨らんでいます
カシャ
ジュニアユース時代
からクラブが英才教育を
施した選手が、移籍金
たった8000万円で
海外移籍なんて、
クラブは大損だね

先物買いで選手を育成

　Jクラブは下部組織にU18（ユース）、U15（ジュニアユース）、U12（ジュニア／スクール）を抱えており、どのチームも育成に力を入れています。目的はもちろんトップチームで活躍できる選手を自前で育てることですが、クラブが手塩にかけて育てた選手が海外クラブに移籍することで、移籍金とは別に将来的にもクラブに利益をもたらす可能性があります。

移籍金がクラブに入るだけでも良かったと思わないと……。
いやいや。そんなに悲観することもないですよ。●●選手がステップアップして、将来ビッグクラブに移籍するようなことになったら、クラブも元を取れるはずだよ

A4 answer

選手を育てたクラブに移籍ごとに育成の対価が支払われる

育ててくれたクラブへの恩返し

ＦＩＦＡは選手が国際移籍をした際、その**移籍金の５％を12～23歳に所属したクラブが「連帯貢献金」**という名目で受け取ることができると定めています。

連帯貢献金とは人材を育成したクラブが、その対価を得られるシステム。５％のうち分配される割合が決まっており、12～15歳に所属したクラブが0・25％、16～23歳に所属したクラブが

「連帯貢献金」制度の仕組み

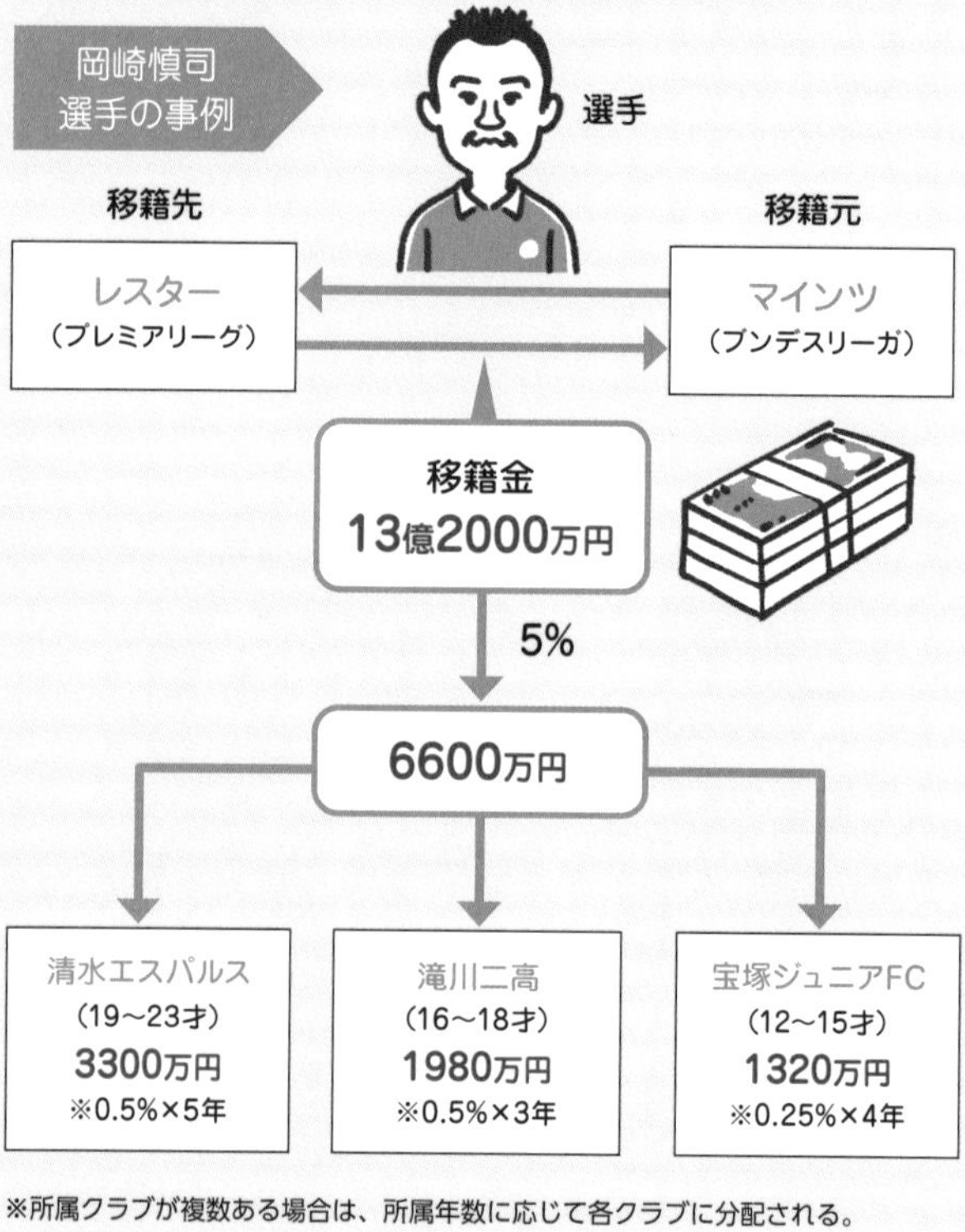

※所属クラブが複数ある場合は、所属年数に応じて各クラブに分配される。

0・5%。カタール・ワールドカップに出場した南野拓実選手(2020年にザルツブルクからリバプールに移籍)に当てはめると、13~20歳に所属したC大阪は移籍金の3・25%を得られることになります。また、移籍金が発生しない場合も、育成クラブにお金が支払われる「育成補償金」という制度もあります。

「連帯貢献金」は自前で育成した選手がビッククラブへの移籍を繰り返せば、それだけ育成クラブにお金が入る仕組みで、そうして得たお金は出身クラブの育成費に使われることで、新たな海外で活躍できる有望選手を育成できるわけです。

街の小規模クラブにも希望を与える

「連帯保証金制度」は、Jクラブの下部組織に属さない、独立系の街の小さなクラブもその恩恵を受けることができます※。もし、そのクラブからヨーロッパのビッククラブで活躍する選手が生まれたら、連帯保証金が発生し、経営基盤が脆弱な街クラブは財政的に潤うことになり、より良い選手を育成しようというインセンティブが生まれます。

※連帯保証金はFIFAに申請しないとお金がもらえない申請主義なので、公立の中学や高校は申請しない場合が多々ある。

育ててくれたクラブに
恩返しができて、
うれしいです

移籍金0でももらえる「育成補償金」

「育成補償金」は移籍金が発生しなくても育成クラブにお金が支払われる制度です。選手が初めてプロ契約を結んだ際や、23歳の誕生日を迎えるシーズンまでの間に国際間移籍が行われた場合に、育成クラブに支払われます。例えば2010年にセレッソ大阪からドルトムントへ香川真司選手が移籍した際には移籍金は0円で連帯貢献金はありませんでしたが、香川選手は当時21歳だったため、育成補償金が発生。4年間在籍したセレッソ大阪には約4000万円の育成補償金が入りました。

Q5
question

Jクラブのアカデミー戦略とは？

アカデミーの利点

ジュニアユース
チーム
間近で現役トップ
チームの選手の
練習が見られるので、
いろんなことが
学べるよ
FCAA

街クラブとは？

Jクラブのアカデミー以外に、いわゆる街クラブがあります。Jリーグに加盟していないサッカークラブの中で、日本クラブユースサッカー連盟に加盟しているサッカークラブのことです。 街クラブの規模や形態は多種多様で、カタール・ワールドカップの日本代表・相馬勇紀を生んだ三菱養和のようなJクラブにも匹敵する力を持つクラブもあれば、小学生と中学生年代に特化したクラブもあります。

トップチームに選手を送り出すだけではない？

Jクラブのアカデミーは、ユース、ジュニアユース、ジュニア※1、スクール※2などに分かれています。その目的は優れた才能を発掘・育成して、最終的にトップチームに選手を送り出すこと。近年のJリーガーを見てもクラブの下部組織出身者が多く、プロサッカー選手への一番の近道になっています。しかし、Jクラブのアカデミーの役割はそれだけではありません。

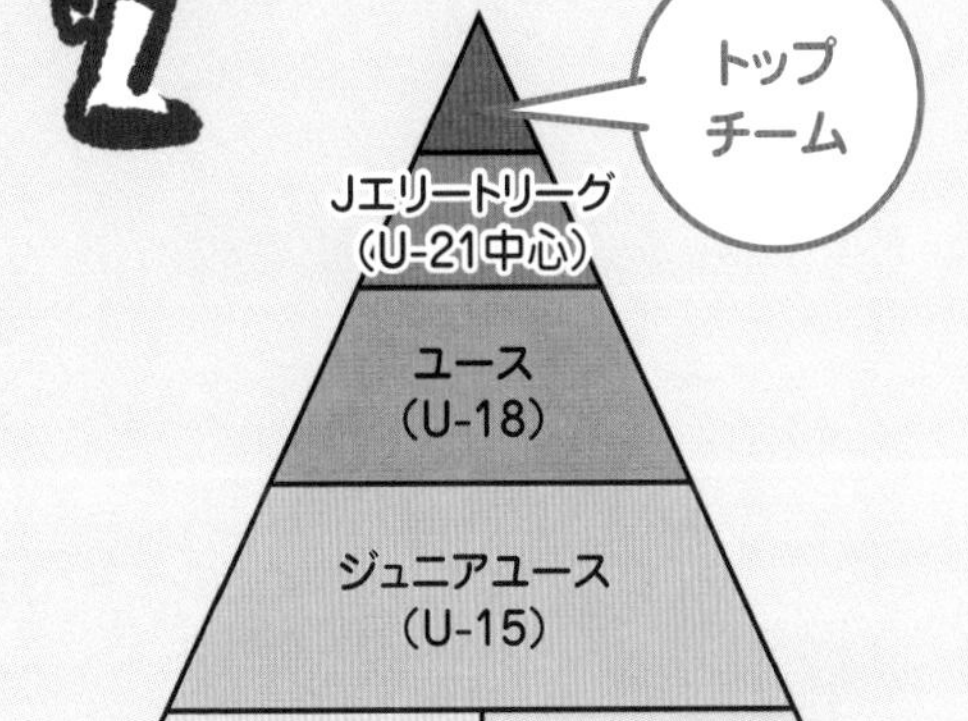

※U-12・U-10はスクールを運営することで、アカデミーチームとの代替が認められている。

※1　ユースは18才以下で「U-18」、ジュニアユースは15才以下で「U-15」、ジュニアは12才以下と10才以下で「U-12」・「U-10」と呼称されることが多い。

※2　小学生・幼稚園児向けで選抜テストなしのコース

A5 answer

選手の発掘・育成を行いつつ サッカーの普及に努める

ついに代表の半数がユース出身者に！

Jクラブのアカデミーの目的の1つは選手を発掘して育成することです。このことはカタール・ワールドカップ**日本代表に選出された26人中11人がJクラブのユース出身者**で占められていることからもわかります。これは2002年の日韓大会の5人と比較すると2倍以上の増加で、選手の発掘・育成というアカデミーの目的が達成された証左と言えるでしょう。

ワールドカップ日本代表のメンバーに選出されたJクラブユース出身選手

日韓大会(5名) 2002

市川大祐（清水ユース）
稲本潤一（G大阪ユース）
曽ヶ端準（鹿島ユース）
宮本恒靖（G大阪ユース）
明神智和（柏ユース）

ドイツ大会(5名) 2006

稲本潤一（G大阪ユース）
大黒将志（G大阪ユース）
駒野友一（広島ユース）
宮本恒靖（G大阪ユース）
茂庭照幸（湘南ユース）

南ア大会(4名) 2010

阿部勇樹（千葉ユース）
稲本潤一（G大阪ユース）
駒野友一（広島ユース）
森本貴幸（東京Vユース）

ブラジル大会(9名) 2014

柿谷曜一朗（C大阪ユース）
清武弘嗣（大分ユース）
権田修一（FC東京ユース）
齋藤学（横浜FMユース）
酒井高徳（新潟ユース）
酒井宏樹（柏ユース）
西川周作（大分ユース）
山口蛍（C大阪ユース）
吉田麻也（名古屋ユース）

ロシア大会(9名) 2018

中村航輔（柏ユース）
槙野智章（広島ユース）
吉田麻也（名古屋ユース）
酒井宏樹（柏ユース）
酒井高徳（新潟ユース）
遠藤航（湘南ユース）
山口蛍（C大阪ユース）
原口元気（浦和ユース）
宇佐美貴史（G大阪ユース）

カタール大会(11名) 2022※

吉田麻也（名古屋ユース）
酒井宏樹（柏ユース）
遠藤航（湘南ユース）
南野拓実（C大阪ユース）
板倉滉（川崎Fユース）
堂安律（G大阪ユース）
田中碧（川崎Fユース）
冨安健洋（福岡ユース）
伊藤洋輝（磐田ユース）
権田修一（FC東京ユース）
中山雄太（柏ユース）

※三笘薫は川崎Fユース出身だが、筑波大学を経由して川崎Fに入団。三笘薫や相馬勇紀（三菱養和）をカウントすると13人で、W杯日本代表チームの半数がユース出身者になる。

ところで、下図を見ると、アカデミー経費の面で突出して多くの金額を投資しているのが、FC東京と横浜FMであることがわかります。この2つのクラブの経費がJリーグでも屈指の多さとなっている主たる要因は、スクール事業を大規模に展開しているからです。幼稚園~小学生を対象にしたスクールはジュニアユースやユースと違い基本的に選抜テスト無しで誰にでも門戸が開かれています。そして、その目的は後者が才能の発掘・育成を主にしているのに対して、前者は多くの子どもたちにサッカーの楽しさを知ってもらって広くサッカーを普及させることにあります。

J1クラブのアカデミー事業収支（2019）

（単位：百万円）

クラブ名	アカデミー収入	アカデミー経費	収支
FC東京	418	501	-83
横浜FM	375	459	-84
鹿島	257	377	-120
神戸	266	780	-514
名古屋	225	483	-258
川崎F	216	359	-143
清水	338	501	-163
浦和	12	572	-560
札幌	26	261	-235

クラブ名	アカデミー収入	アカデミー経費	収支
仙台	77	237	-160
松本	30	185	-155
G大阪	211	457	-246
広島	80	369	-289
鳥栖	76	200	-124
大分	44	159	-115
湘南	87	137	-50
磐田	198	294	-96
J1平均	173	372	-200

※C大阪はアカデミー収支が不明のため記載していない

参考

日本が初出場した1998年のフランス大会におけるユース出身者は、ブラジルから帰化した呂比須ワグナーただ1人。その他は高校や大学のサッカー部出身者で占められ、中でも静岡県の高校出身者が22人中10人と抜きん出ている※。

※清水の高校出身者だけでも、9人選ばれている。

Q6 question

Jクラブのブランディング戦略とは？

SNSを用いた戦略

チケットや試合の結果情報、ダイジェスト映像、選手の練習風景やプライベートなどのオフショットなどをSNSにアップすることで、既存のファンに訴求するとともに、新規ファンの獲得もめざす。

●月○日
VS埼玉との
チケット販売の
お知らせ
J3に属する予算の
少ない私たちのクラブには、
SNSは手軽にできる貴重な
情報発信ツールです。

ロッカールームでのネガティブなシーンもあえて公開！

チームのブランディングを強化する方法として、手っ取り早いのがTwitter（現X）やFacebook、InstagramなどのSNSの活用です。Jクラブ全60チームで、公式SNSで情報を発していないクラブは皆無です。

SNSの良いところは、宣伝・PRにあまりお金をかけられないJ2やJ3の小規模クラブでも

A6
answer

SNSを用いた方法から より個性的なコンテンツ提供へ

ドキュメンタリー映像を用いた戦略

これって本当に撮っていいんですか？
カメラを止めないで！
パフォーマンスが悪かったからだよ
監督、なんで俺を途中交代したんですか？
動き出しが悪いからだ！
なんであそこでパス出さないの？

『オール・オア・ナッシンング』

アマゾン・プライムビデオのプラットフォームで配信されているスポーツドキュメンタリーシリーズ。2018年にプレミアリーグのマンチェスター・シティに密着したドキュメンタリー番組「オール・オア・ナッシング ～マンチェスター・シティの進化～」が配信され、今でも視聴可能である（2023年8月現在）。

安価にできてしまうこと。それに対して、豊富な資金力のあるクラブが今力を入れているのが、ドキュメンタリー制作です。こうした動きはマンチェスター・シティに密着したドキュメンタリー番組が先鞭を付けました。それにならって、ガンバ大阪は2019シーズンからスタジアムのロッカールームの様子を撮影して、DVD&Blu-rayとして商品化。ロッカールームでの監督と選手の言い合いを収録するなど、演出なしのリアルな映像は大きな反響を呼びました。

コラム 03 J1とJ2とでは待遇が天国と地獄ほど違う!?

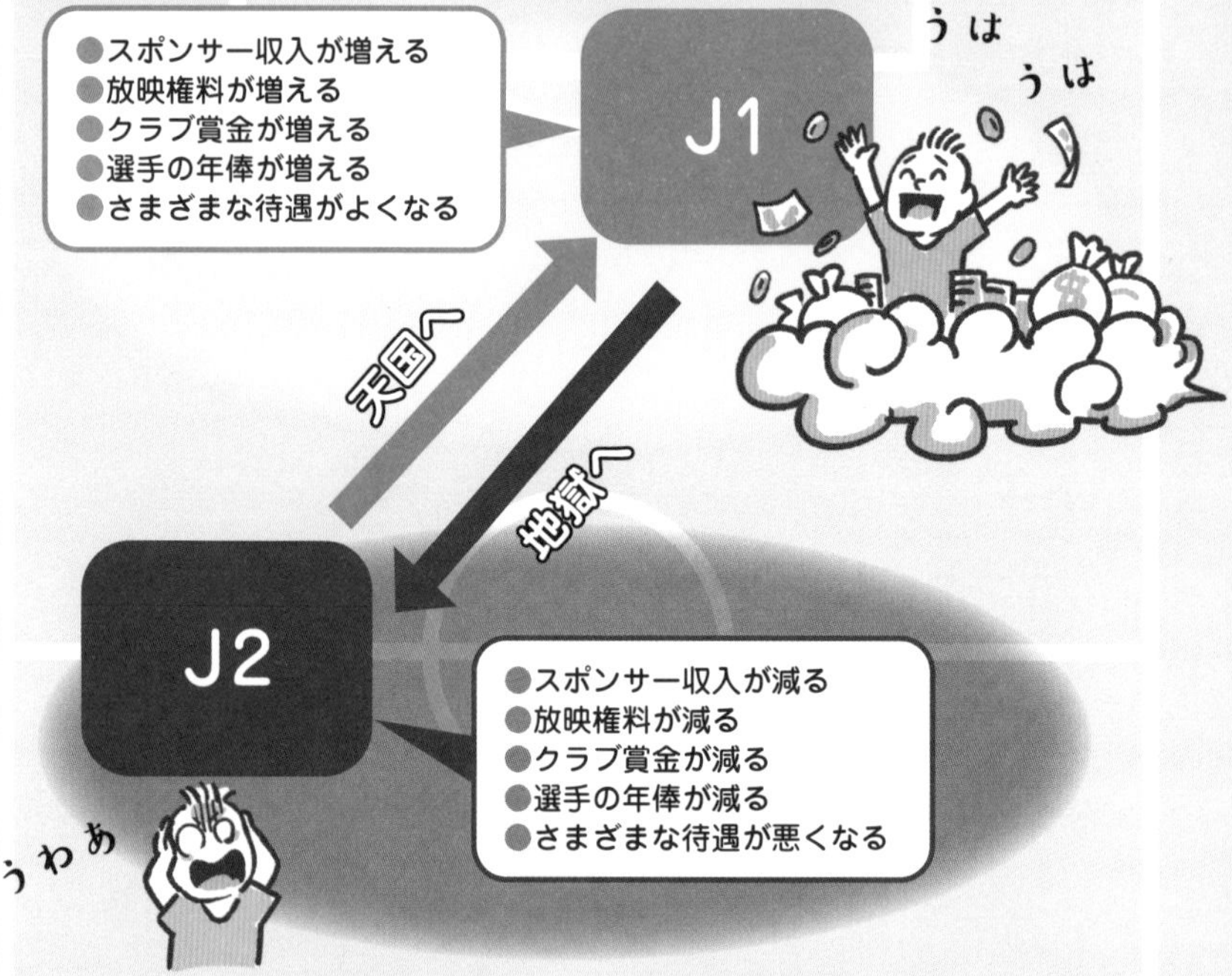
●スポンサー収入が増える
●放映権料が増える
●クラブ賞金が増える
●選手の年俸が増える
●さまざまな待遇がよくなる
J1
うは
うは
天国へ
地獄へ
J2
●スポンサー収入が減る
●放映権料が減る
●クラブ賞金が減る
●選手の年俸が減る
●さまざまな待遇が悪くなる
うわあ

毎年激しいJ1残留争いや昇格争いが繰り広げられるJリーグは、経済的な面においてトップリーグのJ1とその下位リーグのJ2とでは大きな違いが存在します。例えばスポンサー収入がJ1なら上がり、J2なら下がるという非常にわかりやすい現実があります。加えてクラブに贈られる賞金もJ1とJ2とではざっと1桁違います。クラブに入るお金自体が違うのですから、当然選手の年俸も違います。J1選手の年俸は1000万円以上で、有名選手になると1億円を超します。一方J2の選手は年俸400万円程度と言われます。それだけではありません。J2に落ちるとホテルのランクが下がったり、新幹線がグリーン車から指定席に変わったりと、待遇面での格差はあちこちに及びます。

第4章

サッカーの最高峰 欧州5大リーグ

Jリーグはヨーロッパの主要リーグをモデルに設立されました。そんなJリーグのお手本となった欧州5大リーグとはどのようなものなのか。各リーグの経済規模をJリーグと比較するとともに、その収入の主な源泉を明らかにします。もちろん、欧州サッカー最高峰の大会·UEFAチャンピオンズリーグにも言及します。

Q1
question

欧州5大リーグの経済規模が大きい理由とは？

※リーグ名は各国のトップリーグの名称。

Jリーグと比較してプレミアやラ・リーガは動くお金が段違い

欧州5大リーグは世界中のサッカーファンが注目します。なぜでしょう。確かにスペインを除く4か国はG7にも加入している大国で経済的にも豊かです。また、この5か国はW杯での優勝経験もありサッカー先進国であるのは間違いありません。そうした意味でサッカー人気も高く、それがJリーグとは段違いという経済的な結果につながっています。ただ具体的にどういった形でお金が動くかを調べると、明らかな事実が浮かび上がってきます。

コンテンツとしての魅力が明暗を分ける!

根強い
欧州5大リーグ
サッカーファン
たくさんの
スター選手に質の高い
プレーが見られるから
プレミアを見よう
なかなか
増えない
Jリーグファン
スター選手が
ほとんどいないし、レベルも
低いから、Jリーグは
いまイチ興味持てないな

A1
answer

放映権料が莫大な額に上るから

高度なプレーやスター選手のおかげでコンテンツが充実

世界最高峰のリーグと言われるプレミアリーグやラ・リーガではスター選手や質の高いプレーが見られますので、サッカーファンにはたまりません。そのため、映像コンテンツとして日本を含む世界中に配信され、その収入を得られます。その結果、莫大な放映権料がリーグに一括して入ります。この収入は各クラブ（順位によって額

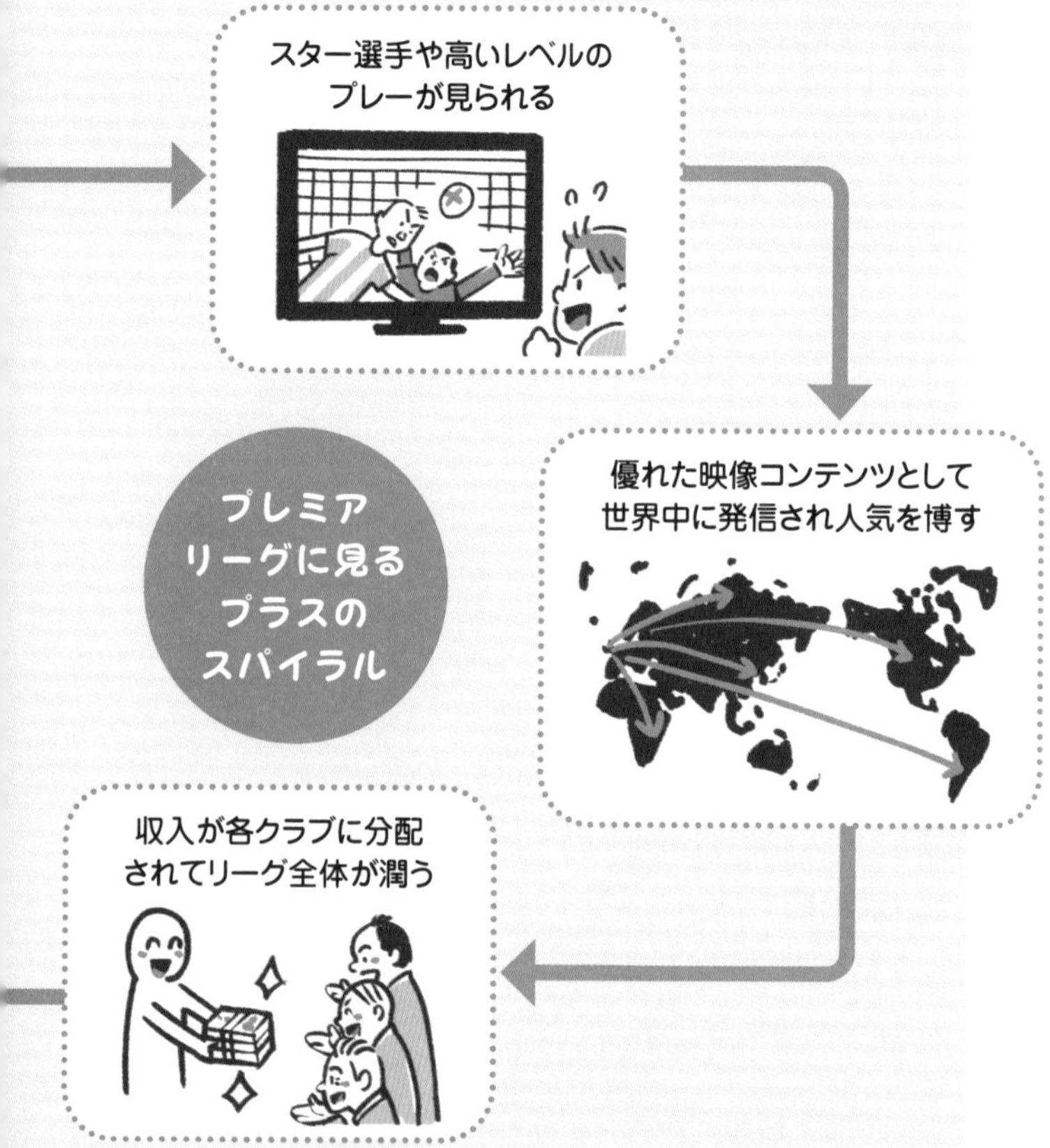

プレミアリーグに見るプラスのスパイラル
スター選手や高いレベルのプレーが見られる
優れた映像コンテンツとして世界中に発信され人気を博す
収入が各クラブに分配されてリーグ全体が潤う

は異なる）に分配されて、リーグ全体が潤います。各クラブは、そのお金でさらに海外のスター選手を獲得、いっそうリーグ人気が高まり、映像コンテンツを鑑賞したいという人が増えます。こうして**映像コンテンツの価値がさらに高まり、巨大市場ができる**という好循環が生まれるのです。その代表はサッカーの母国であるイングランドです。

それに比べれば日本は現在、欧州リーグに選手を供給するだけで精一杯というところです。今後、欧州リーグのトップで活躍する選手を輩出しながら、Ｊリーグも高レベルで発展することが理想となります。

2022−2023シーズン放映権収入
（日本は2022シーズン）

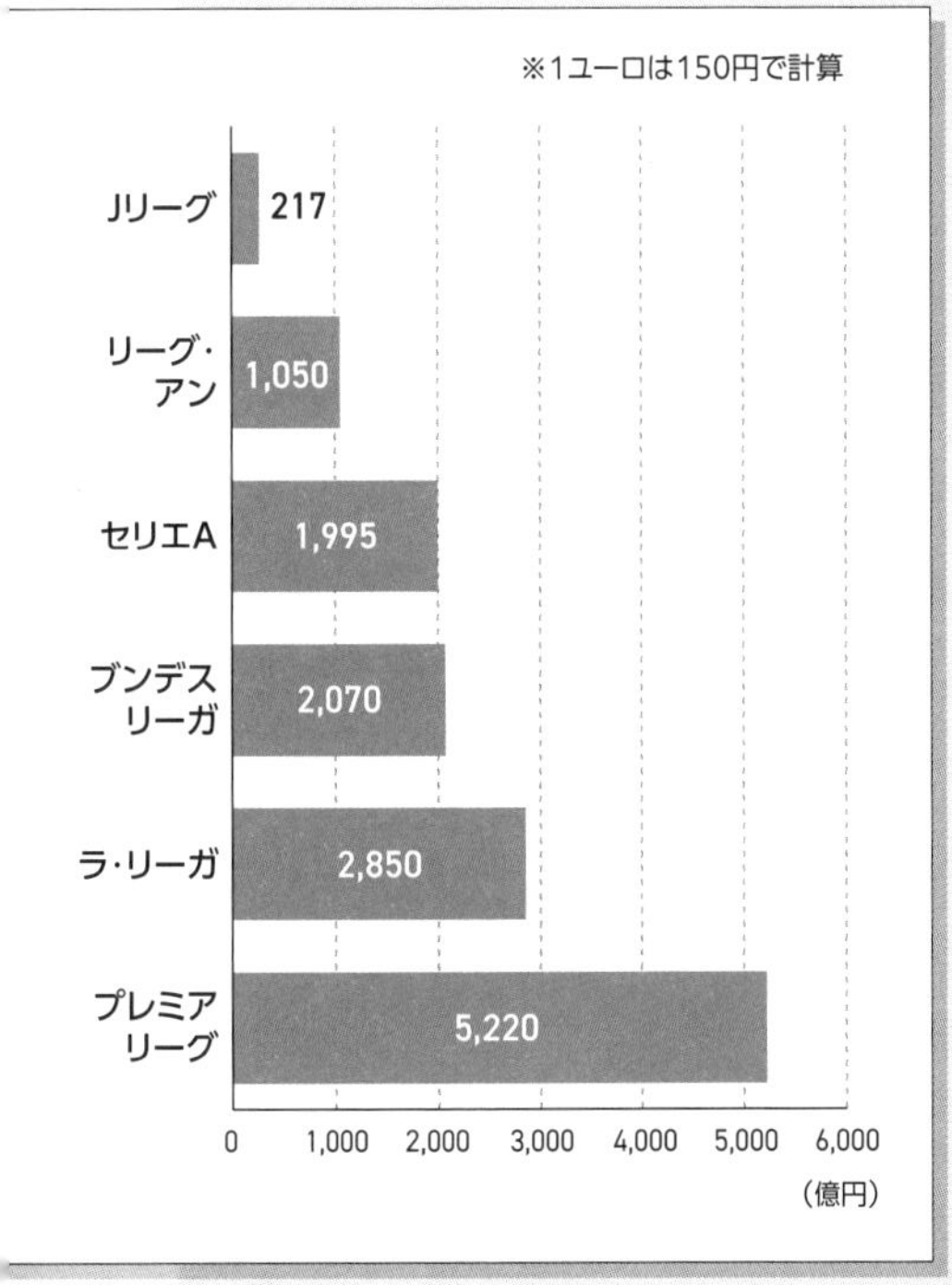

※各資料をもとに作成

Q2
question

ヨーロッパの超名門FCバルセロナを支える「ソシオ」という制度とは？

みんなバルサを応援する仲間だよ
SOCIOの原義は「仲間」
会員
特典❶
★チケット優先獲得権
★年間シート購入権
本拠地カンプ・ノウはバルサのサポーターでいっぱいだね。これもみんなソシオなんだね
さすがバルサ！ところでソシオってどういうものなの？
バルサのオーナーは、我々ソシオだと言われているよ

年にこれだけ
会費を出して
協力しています
ソシオ
特典❷
★会長や役員選出のための投票権

価値の高いクラブベスト10
（2023年『Forbes』より）

1位	レアル・マドリード	約8801億円
2位	マンチェスター・ユナイテッド	約8700億円
3位	バルセロナ	約7989億円
4位	リヴァプール	約7671億円
5位	マンチェスター・シティ	約7235億円
6位	バイエルン・ミュンヘン	約7047億円
7位	PSG（パリ・サンジェルマン）	約6104億円
8位	チェルシー	約4495億円
9位	トッテナム	約4060億円
10位	アーセナル	約3277億円

他のビッグクラブと異なり、大富豪ではなく市民がオーナーのクラブ「バルサ」

ＦＣバルセロナ（バルサ）は世界中にファンがいる人気クラブであり、実力もラ・リーガでいつも優勝を争う存在です。これだけのビッグクラブなのに、オーナーは大富豪ではありません。マンＣやＰＳＧなど欧州のビッグクラブと違います。バルサは、クラブの会員で年会費を納める個々人（ソシオ）から成り立ち、彼らがオーナーとも言われます。実際、会長はソシオが参加する選挙で選ばれるのです。

A2
answer

年会費を納める会員から成る制度
地域に根ざした国際クラブの矜持《きょうじ》がある

FCバルセロナは
カタルーニャ人の誇り

カタルーニャ語は禁止。サッカーはレアルのものだ
バルサはクラブ以上の存在だ
中央独裁政権反対！
フランス
ポルトガル
スペイン
カタルーニャ
マドリード
バルセロナ
フランコ
カタルーニャ人

ソシオには さまざまな権利がある

ソシオは1899年から続くバルサの制度で、年会費を納める会員の会費でクラブを運営するものです。現在10数万人以上の会員が年に数万円を支払うので、これだけでもクラブの予算は潤います。

一方ソシオ会員には、チケットの優先獲得権や年間シート購入権、さらにクラブ会長や役員を選挙で投票できる権利があります。

これがソシオが実際のオーナー

ソシオ制度の経済的デメリット

会員（ソシオ）による非営利団体のため、
株式会社化して広く市場から資金を集められない

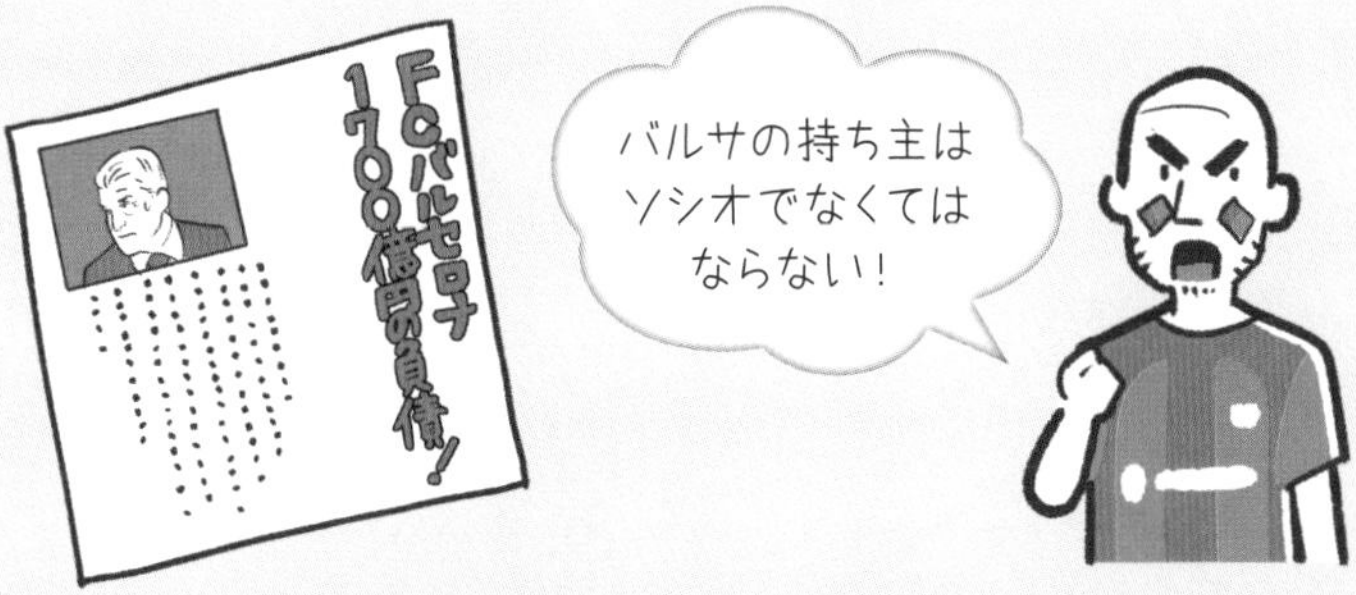
FCバルセロナ
1700億円の負債!
バルサの持ち主は
ソシオでなくては
ならない！

ドイツ（ブンデスリーガ）の「フェライン」

ブンデスリーガの各クラブは、FCバルセロナのように市民団体によって作られた非営利団体「フェライン」が母体になっています※。フェラインはプロサッカーチーム以外に、幅広い年齢層の人々が参加できる多様な市民スポーツ部門を所有しています。

※1998年の規約改正で、フェラインから「プロサッカー部門だけを切り離して企業化」することが許可された。

と言われる根拠であり、世界最大の市民クラブと言われる理由でもあります。

バルサが発展したのにはもう1つ理由があります。バルセロナを中心としたカタルーニャ地方は、少数派のカタルーニャ人から成る地域でした。歴史的にフランコ独裁政権に弾圧された過去を持つ同地で、それに巻き込まれたバルサは苦汁をなめました。これに対し、バルサを応援するため地元ファンがソシオに加入し、クラブを強くしていったのです。

現在、バルサは外国人選手も多く受け入れ、地域に根ざした国際クラブと言われています。

Q3
question

欧州のビッグクラブが海外の若手選手を青田買いする理由

これらは10代
前半のときから
大切に育てている
稲（選手）だ
海外クラブ
育成担当
その苗、
よさそうだな。いつか
いい稲になるぞ。
チェックを続けよう
他クラブ
スカウト

いまやクラブ強化に欠かせない青田買い

欧州ビッグクラブはもちろん、中堅以下のクラブでも子供のころから下部チームで選手を集め、自前の選手を育てています（Jリーグも同じ）。一方で、他クラブの有望選手を獲得するのも当然に有力な強化法です。近年、他クラブから獲得する選手のなかで若手選手が一段と増えてきました。つまり青田買いです。青田買いは何歳までという定義はありません。ここでは23歳以下の選手移籍を見ていきます。

この苗はもう
かなり育っていて、
間違いなくいい稲だ。
金を積んでも買うぞ
ビッグクラブ
スカウト
契約成立
ビッグクラブ
スカウト

A3
answer

安く買って育てれば莫大な価値になりえるから

若手選手ほど高く売れる傾向にある欧州リーグ

欧州クラブの理想は、若くて才能ある選手を見出し安く買うことです。その選手を一流の育成システムによって成長を促し、一流選手に仕上げます。そしてチームの勝利に貢献させ、場合によって**高額の移籍金で移籍させ、何十倍もの利益を得る**ことで1つの目的が完了となるのです。

若手有望選手ほど移籍金は高く、衰えが見えてきたベテラン選

この選手は見込みがあるぞ。買いだ
無名の選手たち
スカウト
入団（移籍）
一貫した育成計画のもと、一流施設とコーチの下でトレーニング

手は移籍金が下がる傾向にあります。それだけ若手選手をクラブは渇望しているのです。とはいえ現状はそううまくいくものではありません。欧州のトップリーグはピラミッドの最上段。少数の選び抜かれた天才が鎬を削る舞台。多くの選手はそこに到達するまでに淘汰されていきます。また、選手にとってもいきなりビッグクラブより中小クラブや国内リーグで腕を磨いた上で移籍した方がいいとも言えます。

最近では、日本人の若手選手も海外クラブ移籍が目立ち、高校卒業と同時にJクラブを経ずに欧州に移籍する例も見られます。

若手選手移籍金ベスト5（2022年・23歳以下）

1位	アントニー （アヤックス→マンU）	約132億円
2位	ウェズレイ・フォファナ （レスター→チェルシー）	約112億円
3位	チュアメニ （モナコ→レアル・マドリード）	110億円
4位	ヌニェス （ベンフィカ→リヴァプール）	約103億円
5位	イサク （レアル・ソシエダ→ニューカッスル）	約97億円
次	デ・リフト （ユヴェントス→バイエルン・ミュンヘン）	約92億円
次々	ハーランド （ドルトムント→マンC）	約83億円

※リストの選手は皆20代。評価が定まった選手がやはり高い

Q4
question

UEFAチャンピオンズリーグ（CL）は「金のなる木」？

※このほかにプレーオフ枠で出場した6クラブがあり、
合計32クラブになる

世界最大のサッカーイベント

CLは夏頃から翌年の初夏頃まで行われる、欧州一のクラブを決める大会です。事実上の世界一クラブを決める大会として、欧州はもちろん、日本を含めた世界中のサッカーファンが固唾《かたず》を飲んで見守ります。毎年行われるサッカーイベントとしては世界最大と言えるでしょう。そのため大きなお金も動きます。実際いくら動くのでしょうか。

欧州CL出場26クラブ（2022-23シーズン）

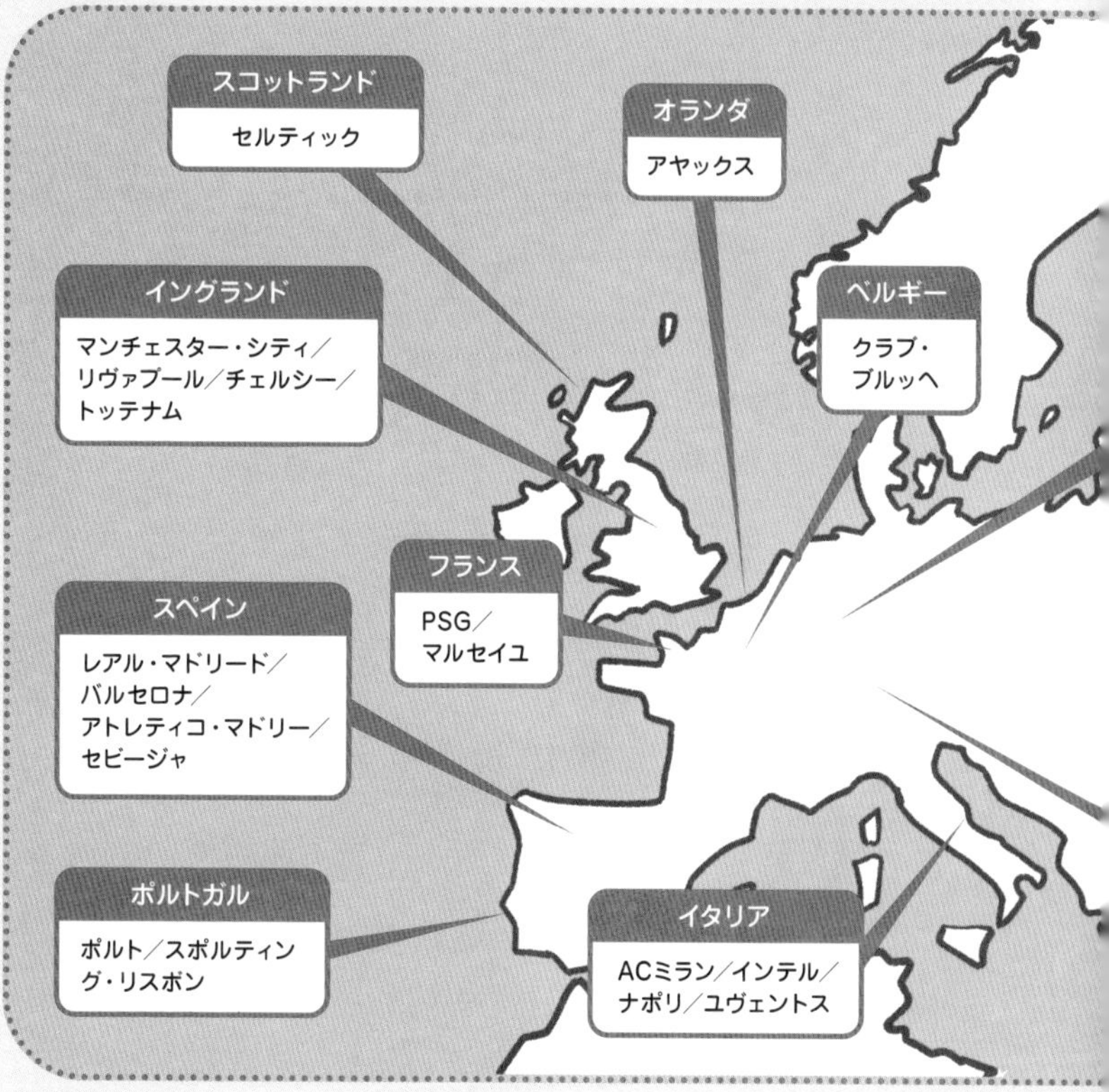

プレーオフ枠で出場した6クラブ

クラブ名	国名
FCヴィクトリア・プルゼニ	チェコ
レンジャーズ	スコットランド
ディナモ・ザグレブ	クロアチア
FCコペンハーゲン	デンマーク
ベンフィカ	ポルトガル
マッカビ・ハイファ	イスラエル

A4
answer

本戦出場するだけでクラブは30〜40億円をゲット!

※1 ユーロ=150円で計算。
※2 グループステージ全勝で優勝した場合。

優勝クラブは100億円以上を稼ぐ?

CLには欧州各国のリーグの上位クラブが出場します。これにはリーグごとのランキングがあり、プレミアリーグのような上位リーグからは4クラブが割り当てられ、下位リーグは1クラブだったり、1クラブがプレーオフを行って本戦出場権を賭けたりします。2022〜2023シーズンを例に取ると、20億2400万ユーロ(約3030億円)が、CLに出場

その他の大会の賞金

ACL	2023-24	優勝クラブ賞金	5億8000万円
	2024-25	優勝クラブ賞金	17億4000万円
W杯	2022	優勝国賞金	57億円
		準優勝国賞金	40億円

※AFC(アジアサッカー連盟)主催の「AFCチャンピオンズリーグ」の略

CLはW杯より多くもらえるんだね
ACL※は次シーズンから急増するけど、まだケタ違いだね

日本人選手のCL出場数全ランキング(2023年8月現在)

順位	選手	試合数	ゴール	クラブ
1	香川真司	33	4	ドルトムント、マンチェスターU
2	内田篤人	29	1	シャルケ
3	長友佑都	23	0	インテル・ミラノ、ガラタサライ、マルセイユ
4	中村俊輔	17	2	セルティック
5	南野拓実	15	2	RBザルツブルク、リヴァプール
6	本田圭佑	11	3	CSKAモスクワ
7	長谷部誠	10	0	ヴォルフスブルク、フランクフルト
8	小野伸二	9	0	フェイエノールト
9	鎌田大地	8	3	フランクフルト
10	奥川雅也	7	1	RBザルツブルク
	岡崎慎司	7	1	レスター
	稲本潤一	7	1	アーセナル、ガラタサライ
13	伊東純也	6	0	RCゲンク
	酒井宏樹	6	0	マルセイユ
	旗手怜央	6	0	セルティック
	前田大然	6	0	セルティック
	古橋亨梧	6	0	セルティック
18	守田英正	5	0	スポルティング
19	鈴木隆行	4	0	RCゲンク
	中島翔哉	4	0	FCポルト
21	奥寺康彦	2	1	ケルン
	宮市亮	2	0	アーセナル
	柿谷曜一朗	2	0	バーゼル
	西村拓真	2	0	CSKAモスクワ
25	宇佐美貴史	1	0	バイエルン
	清武弘嗣	1	0	セビージャ

世界最大のサッカー大会で大きなお金が動くCLはさながら一流選手の見本市。日本人は古くは前身の大会に奥寺康彦が出場しましたが、本格的に出場するようになったのは今世紀になってから。小野や稲本の世代を超えて、香川が一番出場しています。中田英寿が1試合も出場していないのは意外です。今後の日本人の活躍を期待するところです。

する32クラブに賞金として割り当てられました。**賞金には出場給があり、6戦全敗でグループステージを敗退しても23・5億円**が入ってきます。さらに放映権料、ホームゲームの入場料、グッズ売上などクラブ個別の収益も合わせれば30～40億円は確実に入ってきます。さらに試合に勝てば勝利給が入り、引き分けでも入ります。そして優勝までいけば、概算で8514万ユーロ(約127・5億円)がクラブの収入になります。

このように大儲けができる大会であり、各国リーグでCL出場権を巡る争いが優勝争いと同程度に盛り上がるのも納得です。

コラム 04

日本人が成功しやすいリーグと成功しにくいリーグ

スペイン
ラ・リーガ
みんな日本人より上手くて強い
スペイン人
スペイン語ができなきゃダメ!
日本人の長所を活かせない
ドイツ
ブンデスリーガ
ドイツ語が少々できなくてもOKなリーグ
ドイツ人
日本人の長所を活かせる

欧州5大リーグで、日本人が成功しやすいリーグはドイツです。成功しにくいのはスペインです。スペインは久保建英が活躍していますが、以前はほとんど成功者はいませんでした。理由として、日本以上にテクニックに優れたリーグで、かつフィジカルが強く、日本人の長所を活かしにくいという点があります。またEU圏外の選手は3人しか出場できないことも大きな理由です。これに対し、ドイツは外国人枠がない点もあり、日本人獲得のハードルが低い※のです。さらに日本人は、ドイツの走力やスタミナが重視されるプレースタイルに対応できるうえに、大柄なドイツ人に対して俊敏で小回りの利くプレーができるという長所があり、成功しやすい状況になっています。

※ただし、ドイツ人枠があり、ドイツ国籍を持つ選手と12人以上契約する必要がある。

第5章

これからのビジネスモデル

プロ野球でDeNAが横浜ベイスターズを買収したように、Jリーグにも IT企業が続々とさまざまな形態で参入しています。特に神戸（J1）や町田（J2）の筆頭株主になった楽天やサイバーエージェントは豊富な資金力で、2023年度の優勝争いに、J1とJ2のそれぞれのカテゴリーで優勝争いを演じています。

Q1 question

ＩＴ企業を親会社に持つクラブがＪリーグを牽引する？

新興企業がサッカービジネスを変える？

楽天グループ

（2021年度）

総資産 ▶▶ 約20兆4000億円

主な事業 ▶▶ ネットショッピング事業、フィンテック事業、モバイル事業など

増えるＩＴ企業のプロスポーツチーム参入

ＩＴ企業は多くのスポーツに参入しています。プロ野球のソフトバンクや楽天、ＤｅＮＡは有名ですが、サッカーでも楽天がヴィッセル神戸を買収。サイバーエージェントはＦＣ町田ゼルビアの経営権を取得しました。奇《く》しくもこの２クラブは２０２３年では、Ｊ１とＪ２の優勝争いのチーム。このほかに鹿島アントラーズの筆頭株主メルカリ、ＦＣ東京の筆頭株主ＭＩＸＩがあります。

メルカリ　（2022年）

総資産 ▶▶ 約4152億9000万円

主な事業 ▶▶ フリマアプリ、「メルカリ」の企画・開発・運用など

サイバーエージェント　（2021年度）

総資産 ▶▶ 約2416億円

主な事業 ▶▶ インターネット広告事業、ゲーム事業、投資育成事業など

MIXI　（2022年）

総資産 ▶▶ 約2223億円

主な事業 ▶▶ ゲーム開発・提供、デジタルエンターテインメント、SNS「ミクシィ」の提供など

プロ野球でもIT企業は一大勢力？

ディー・エヌ・エー　（2021年度）

総資産 ▶▶ 約3406億円

主な事業 ▶▶ ゲーム事業、ライブストリーミング事業、スポーツ事業ほか

ソフトバンク　（2022年度）

総資産 ▶▶ 約14兆7000億円

主な事業 ▶▶ 持株会社投資事業、ファンド事業、モバイル事業ほか

A1 answer

新たなビジネスモデルとして今後もIT企業が参入する流れにある

魅力的なコンテンツのＪリーグにＩＴ企業が飛びつく？

今後、ＩＴ企業がＪリーグで大きな役割を果たすのは間違いないと言えるでしょう。前ページで説明したように、現在主に４つのＪクラブがＩＴ企業に運営のほぼ全部を任せています。予算が増えたせいもあり、おおむねチームも好成績を残すことが多いです。

２０２２年までのクラブの資金調達方法は親会社の支援か銀

主なIT企業参入の歴史

2014年	楽天、ヴィッセル神戸の全株式を取得。以後、ポドルスキ（元ドイツ代表）、イニエスタ（元スペイン代表）らのビッグネームを獲得
2018年	サイバーエージェント、FC町田ゼルビアの経営権取得
2019年	メルカリ、鹿島アントラーズの筆頭株主に就く
2021年	MIXI、FC東京の筆頭株主に就く

2つに分けられるIT企業参入クラブ

1 Jクラブをブランドプロモーションに用いる

① 楽天（ヴィッセル神戸）

プロ野球の楽天と同じ色のユニフォーム
↓
コーポレートカラーで企業イメージを表現する。

スポーツには感情に強く訴える力があり、ブランドプロモーションに向いている。そのため少々の赤字が出ても宣伝効果を含め、長期的にはプラスに向かう。しかもRakutenTVのようなコンテンツビジネスにも使える上に、NFT（代替不能な価値あるデジタルデータ）による、選手の最適なプレー画像などを販売できるのでこのビジネスは手放せない。そうした方針のもとクラブ経営を続ける。

2 Jクラブの活躍とともに営業規模拡大を目指す

② サイバーエージェント（町田ゼルビア）

カタール・ワールドカップのオンライン配信（ABEMA）で知られる。デジタル力を注入することによって、本気でアジアを代表するビッグクラブへの発展を目指している。

胸スポンサーは
サイバーエージェント

CyberAgent

③ メルカリ（鹿島アントラーズ）

LIXIL

胸スポンサーは
メルカリではない

5Gを使ったスタジアムの観戦体験の提供、顔認証の実証など新しいテクノロジーを導入し、ホームタウンとの強い関係とともに発展を目指す。

③ MIXI（FC東京）

DAZNと提携し、家族やお店で試合を観戦できるライブビューイングなど、SNSに特化した企業ならではのユーザー目線からの改革を目指す。

胸スポンサーは
MIXI

MIXI

他クラブは、
ともに発展しよう
という感じだね
プロ野球も運営する
楽天は宣伝効果も
念頭に置いているね

行借り入れしかありませんでした。しかしJクラブの株式上場も解禁され、資本市場からの調達も可能になっています。クラウドファンディングや動画配信の投げ銭による収入もバカになりません。その意味でIT企業は優位な立場にあります。今後、IT化が進めば、国民の余暇としてエンタメの重要性が増し、Jリーグはよいビジネスとなるとも言われます。

　プロ野球が12球団しかないのに対し、Jクラブは現在60。それだけビジネスチャンスが大きいわけでJリーグへのIT企業の参入は増えると思われます。

Q2
question

ケーブルや衛星からネット配信へ 放映権ビジネスはどう変わる？

増えるネットの動画配信サービス

２０１６年までＪリーグ中継を全試合見るためには、スカパーなどの有料衛星放送と契約して見るしかありませんでした。しかし２０１７年以降、ネット配信されるＤＡＺＮ《ダゾーン》と契約することでＪリーグの全試合が観戦できるようになりました。ネット配信なので、パソコンの画面やスマホなどテレビ以外でも観戦可能となったのです。その後、サッカー界にはいっそうサブスクの動画配信サービスの新規参入が進んでいます。

スポーツにおけるネット配信サービスの3つの形態

1. 既存の放送メディアのネット版（TVerやNHKプラスなど）
2. 主に定額制（サブスク）による、テレビ（地上波、ケーブルおよび衛星放送）などの既存のメディアの枠組みを超えたインターネット固有のもの（Amazonプライム、YouTube、DAZN、ABEMAなど）
3. D2C型（スポーツ運営団体自らが視聴者に向けて直接ネット発信するもので、日本ではプロ野球の「パ・リーグTV」が有名）

サブスクとは？

サブスクはサブスクリプションの略で、定期購読などの意味。定額制で契約中の期間、自由にコンテンツを利用できるサービスを言います。近年ネットの動画配信サービスで、このサブスクの形態を取るビジネスが急速に普及しました。上記のサッカーをネット中継する動画配信サービスはその代表です。動画配信サービスのコンテンツはサッカーだけでなく、それ以外のスポーツや映画、アニメ、ドラマ、バラエティなど多種多様です。このサービスは現代最も注目されています。

A2 answer

放映権料が上がり、Jリーグもそのビジネスも活性化する

DAZNがJリーグにもたらした影響

2016年	JリーグとDAZNとが10年間、2100億円での放映権契約締結
2023年	JリーグとDAZNとが11年間、2395億円での新たな放映権契約締結

莫大な収入がJリーグを通じて、Jクラブへ

Jリーグでは2016年に、イギリスのパフォームグループが運営するDAZNと10年間の大型契約を結びました。

DAZNとの契約金額は2023年現在では11年間で2395億円という莫大なもので、それまでの4～7倍とも言われます。Jリーグはリーグでの収入を各クラブに分配金として振り分けていて、放映権料も当然にその対象になりました。これにより、各クラ

Jリーグの放映権収入（2013~2022年）

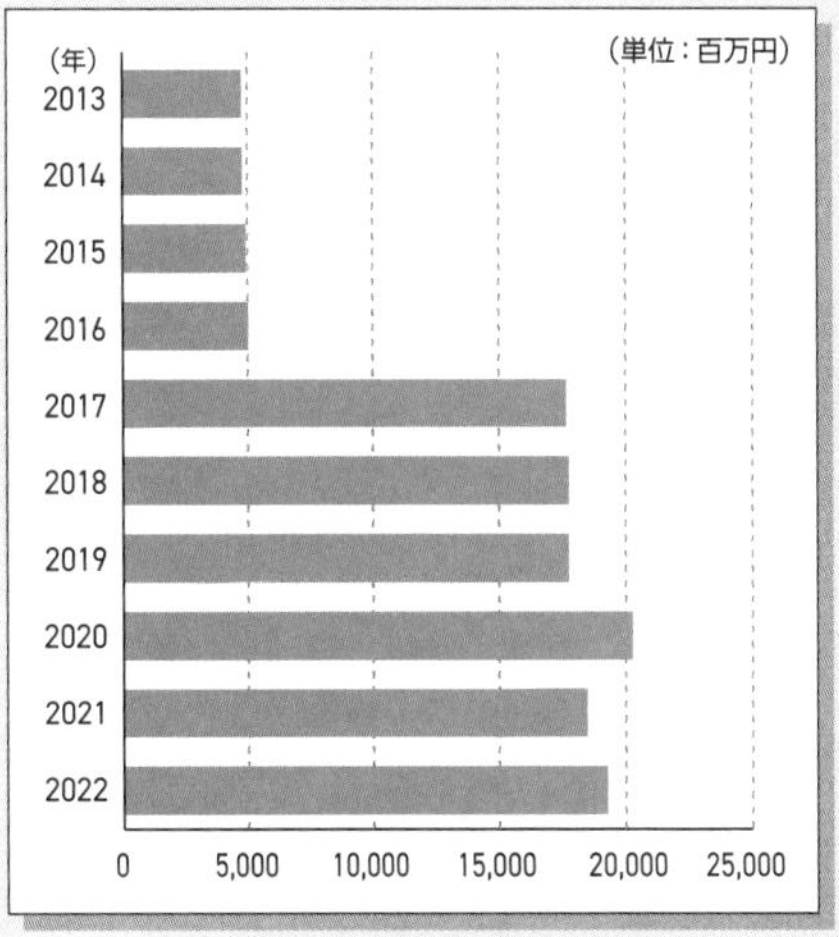

※2024年からJ3の放映はなし

DAZN契約によるメリット

- 各クラブの資金が潤沢になる
- 特に優勝クラブの賞金は莫大なので、ビッグクラブが生まれる可能性が出てくる
- 予算の少ないJ2等にはありがたい収入になる
- J2等は中継機会が少なかったため、その機会が増えたことによりファンの拡大につながる

DAZN契約によるデメリット

- 放映権料に見合うプレーを展開できるかが課題になる。スター選手がいなく、試合も冴えないとリーグ自体のイメージダウンにつながる可能性もある
- 当初安かった視聴料でJリーグファンの裾野を広げられると期待されたが、その後値上げされ、現在では固定ファンしか契約しない傾向にあるとも言われる

ブの資産は潤沢なものになりました。クラブの予算が増えることにより、国内外から力のある選手を獲得でき、そのビジネスは活気づき、リーグのレベルも上がると見込まれました。

特に優勝クラブへの賞金が増えるため、日本にもビッグクラブが生まれるという期待がなされています。

ただ、コロナ禍がクラブ経営を困難にしたこともあり、本当にその効果が現れるのはこれからとも言われています。

一方、ＤＡＺＮの視聴料は値上げされ、新しいファンを掴むという当初の目的が難しくなったという意見もあります。

Q3 question

サッカー版ｅスポーツの可能性は？

eサッカー日本代表だ！
サッカー人気の
裾野が広がる！
バチ
バチ

バーチャルを通じて広まるサッカーの魅力

ｅスポーツが注目を浴びています。野球などさまざまな競技があるなか、サッカーは昔からの人気スポーツです。

日本サッカー協会（ＪＦＡ）は、ＦＩＦＡ加盟国と対戦できる、主に２つのゲームを提供しています。１つは『ＦＩＦＡシリーズ』です。これはｅスポーツのサッカー日本代表として他国とプレーできるものです。自由に日本代表選手を操って、強豪国とプレーで

A3
answer

日本サッカー協会がe代表を支援するなど
ファン層の裾野を広げている

eスポーツの遊び方

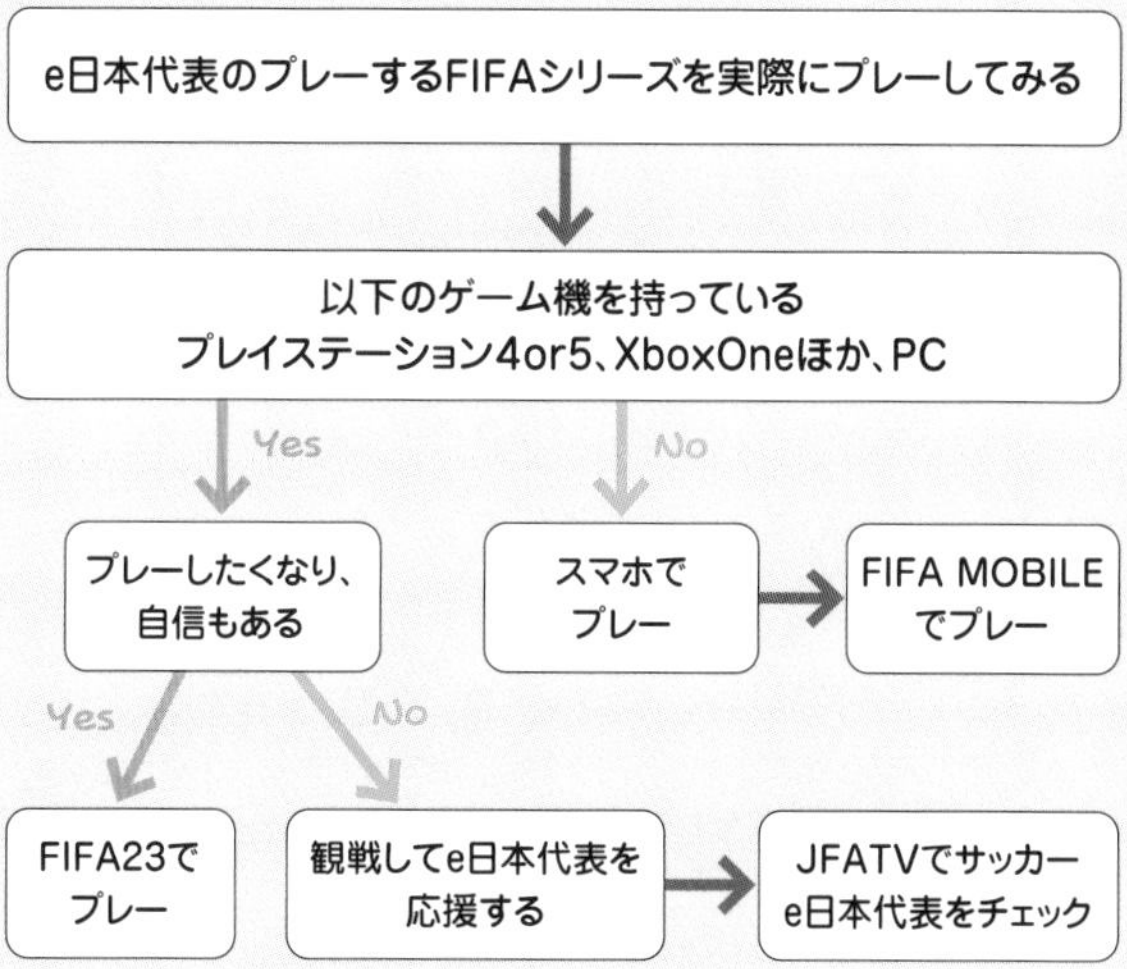

※JFAの資料をもとに作成

きる楽しさがあるほか、監督などになって自分だけのドリームチームを作る楽しみもあるゲームです。もう1つは、スマホでプレーできる『FIFA MOBILE』です。それらに自信のない人は『JFA TV』でe日本代表を応援することもできます。

このようにJFA自体が、eスポーツに支援をしており、サッカーe日本代表の4人も選出されています。今後、ゲームからサッカーに興味を持つ子供たちが生まれ、サッカー人気の裾野を広げることが期待されます。

コラム
05
日本代表に大学経由の選手が急増した理由

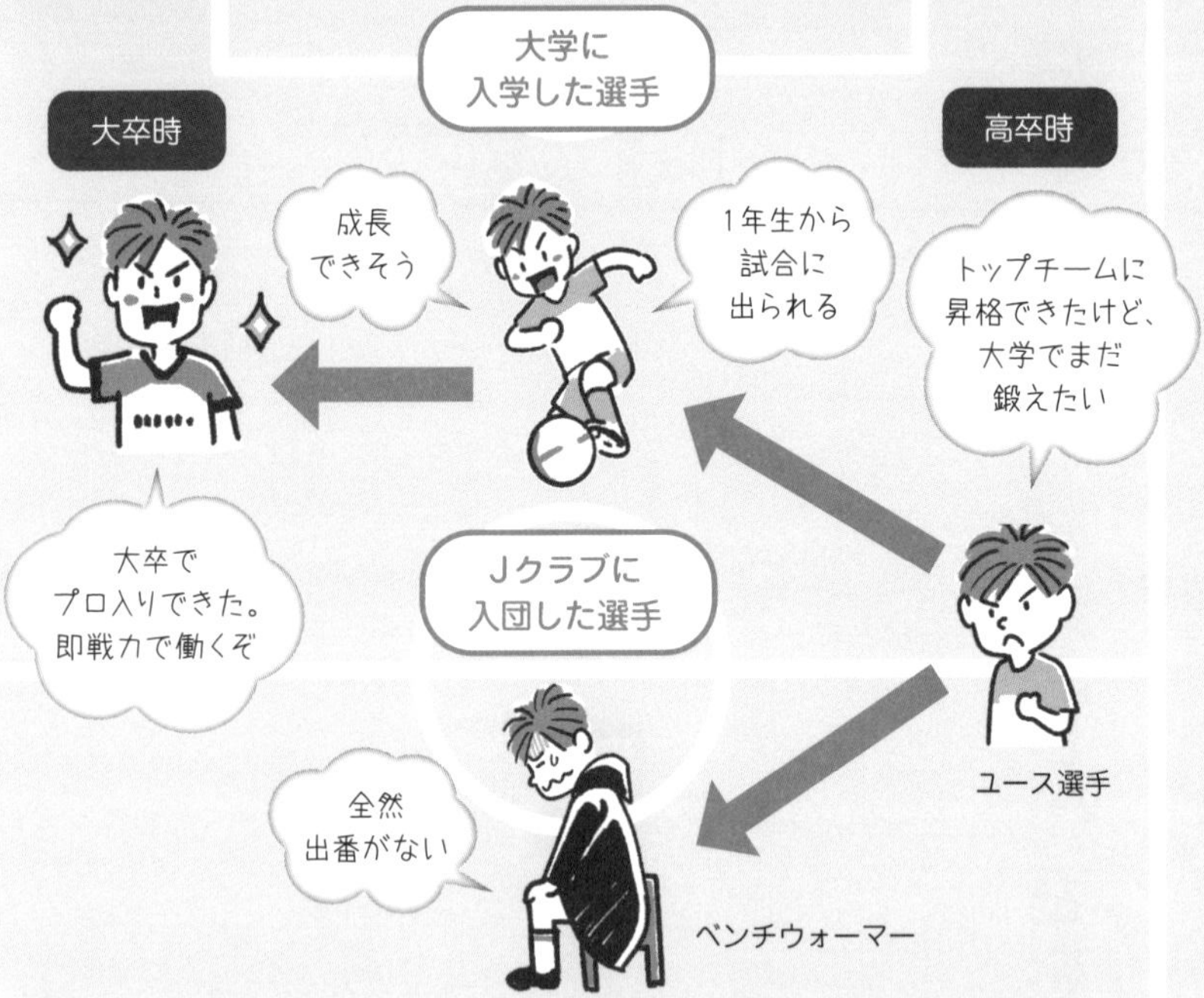
大学に
入学した選手
大卒時
高卒時
成長
できそう
1年生から
試合に
出られる
トップチームに
昇格できたけど、
大学でまだ
鍛えたい
大卒で
プロ入りできた。
即戦力で働くぞ
Jクラブに
入団した選手
ユース選手
全然
出番がない
ベンチウォーマー

カタール・ワールドカップの日本代表の中で、大学サッカー経験者は9人。近年の大会では2、3人にとどまっていたのが急増しています。これはヨーロッパでは考えられません。ヨーロッパはクラブのユースチームからプロに昇格するのが一般的だからです。日本のようにクラブユースや高校のサッカー部から大学を経由して、Jクラブに入るのは、世界的に見て極めて稀有なケースなのです。これは高卒でプロ入りしてもなかなか試合に出られないのに対し、大学ならば即試合に出られ、実戦を積みながら成長できるという点が大きいです。今後、大学経由の代表選手の数がどうなるか注目したいところです。

第6章

ワールドカップは世界最大のスポーツビジネス？

4年に1度に開催されるワールドカップは、サッカーを愛する人たちと選手たちの究極の夢の舞台です。しかし、そんな夢の舞台にも変革の波が押し寄せています。本大会出場国の増加と、複数国による共同開催など、ワールドカップは大きな変革の時期に直面しているのです。

Q1
question

国際サッカー連盟（FIFA）はワールドカップでボロ儲けをしている？

巨額の資金が動く祭典
ＦＩＦＡの収益は規格外

４年に一度開催されるサッカーの祭典、ＦＩＦＡワールドカップ（Ｗ杯）。開催期間中、世界中が熱狂し、開催国が巨額の設備投資をしてスタジアム建設などをしている様子が度々ニュースで報道されるなど、その経済効果は計り知れません。では、Ｗ杯を主催しているＦＩＦＡは、Ｗ杯を通じてどれくらい儲けているのでしょうか。

A1
answer

ワールドカップはFIFAにとって高収益なビジネスモデル

ワールドカップサイクルにおけるFIFAの収入構造（カタール大会の事例）

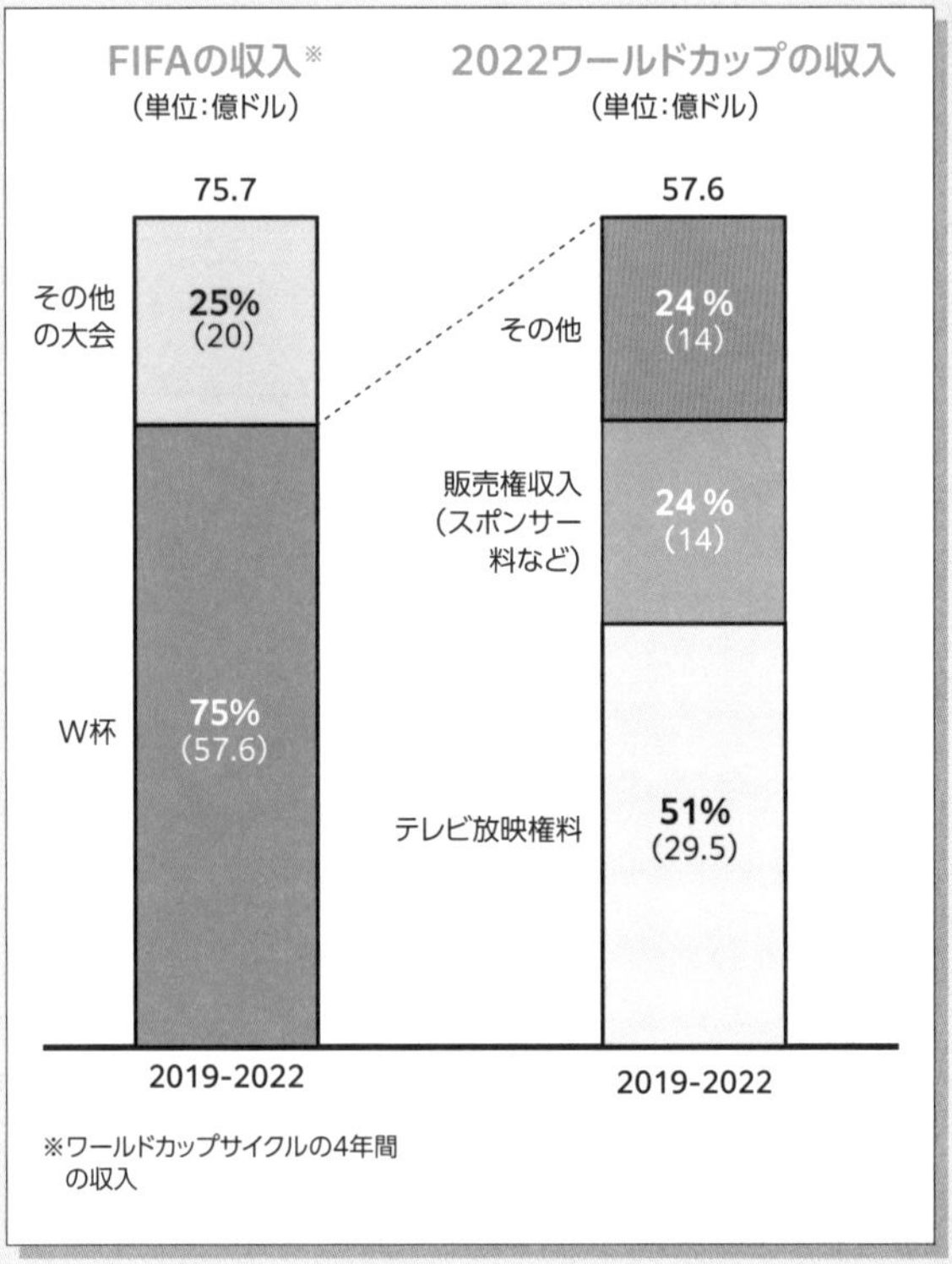

参考：2022 financial highlights

収入の多くは他の大会に回る

２０２２年に開催されたカタール・ワールドカップは、「史上最高額のW杯」と言われています。カタールが設備投資に投じた額は、２０００億ドル（約26兆５０００億円）でした。大会の主な収入源は、放映権料、チケット料、スポンサー料などで、総額は57・６億ドル（約８６４０億円）。そこから大会運営費などを引いた純利益のうち開催国にはチケット収入と国内ス

W杯の収益はサッカー界の発展に活用！

FIFAと開催国との関係

W杯の開催国はインフラ整備など巨額な財政リスクを背負う一方で、FIFAは開催国への開催費用の金銭的な援助を一切行いません。しかし、その一方で、FIFAは放映権などから莫大な収入を得ています。この点だけみれば、FIFAが不当に利益を独占しているように見えますが、実際は、開催国はチケット収入の全てや運営経費の一部をFIFAから得ています※。また、放映権料などから得られた莫大な収入は、女子サッカーやフットサルを含め、U17、U20など全世代の各大陸予選を経た世界大会開催に使われるなど、サッカーの各種大会の充実に役立っています。

※たとえば、2002年の日本開催の成功で、日本協会は多くの収益金を手にし、東京都文京区の本郷にビルを購入し、記念ミュージアムを設立しました。

ポンサーシップが割り当てられますが、基本的には純利益のほとんどがＦＩＦＡのものになります。

ＦＩＦＡはドーハに加盟協会の代表者らを集めた会合で**２０１９〜２２年の収入が約75・7億ドル（約1兆5００億円）**になることを報告しました。この収入のほとんどはＷ杯によるものです（右上図を参照）。このようにＷ杯は、ＦＩＦＡにとって高収益なビジネスなのです。

なお、カタール・ワールドカップの開催国のカタールは、ワールドカップによる経済効果を１７０億ドル（約2兆円）と試算しています。

Q2
question

本大会出場国枠増加でワールドカップの価値は下がる？

プラスの面がある一方で質が下がるという懸念も

W杯は、２０２６年大会より出場国数が48カ国に拡大します。大会規模が大きくなることで、入場料や放映権料が増えるなどポジティブな一面がある一方で、大会の質が下がるのではないかという懸念も持ち上がっています。具体的にはどのような問題が予想されているのでしょうか。

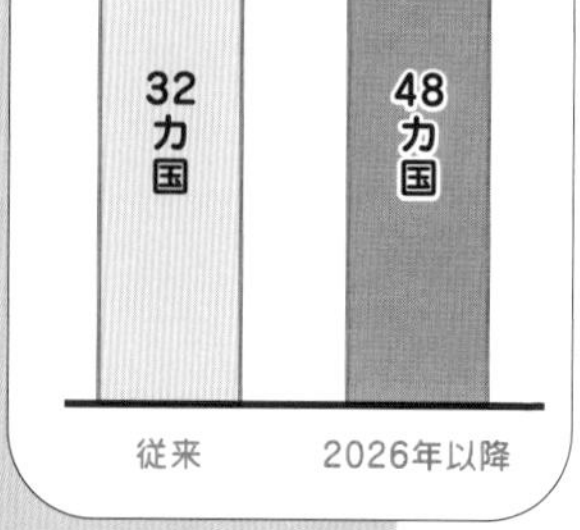

ワールドカップの今後のトレンドは共同開催

2026年大会は、本大会出場国枠増加だけでなく、アメリカ、カナダ、メキシコと史上初の3か国の共同開催となることも注目されています。また、2030年大会もスペイン、ポルトガル、モロッコの3カ国の共同開催が決定し、今後のワールドカップのトレンドは単独国開催から複数国による共同開催に移行すると思われます。加えて、そうした動きに連動して、アメリカとカナダ（MLS)、メキシコ（リーガMX）をまたぐひとつのリーグをつくる壮大なプロジェクトが構想されています。

2026年W杯本大会出場枠

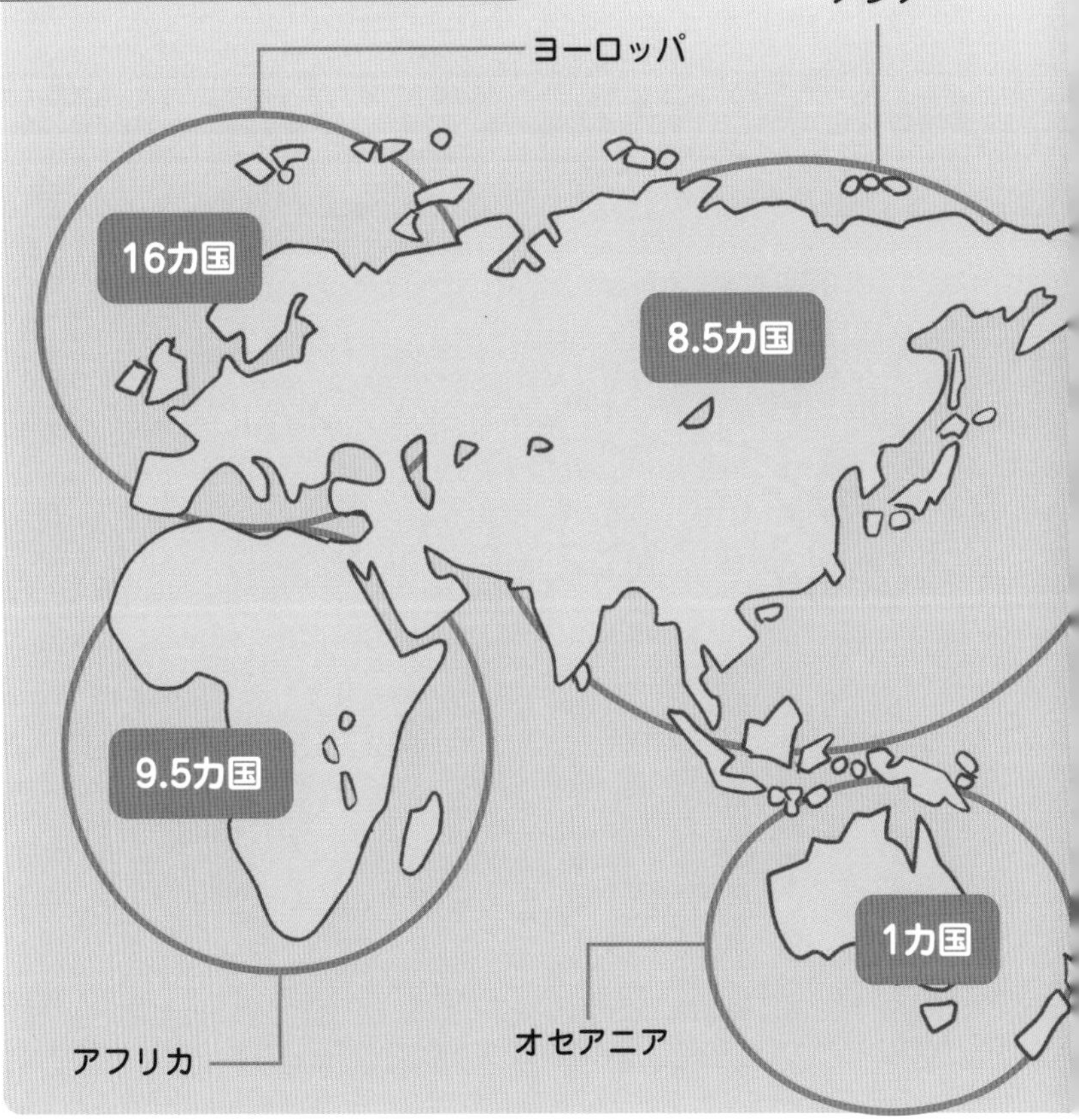

A2 answer

出場チームが増えることで大陸間格差は広がる

FIFAランキング

1	アルゼンチン	11	アメリカ合衆国
2	フランス	12	メキシコ
3	ブラジル	13	スイス
4	イングランド	14	モロッコ
5	ベルギー	15	ドイツ
6	クロアチア	16	ウルグアイ
7	オランダ	17	コロンビア
8	イタリア	18	セネガル
9	ポルトガル	19	デンマーク
10	スペイン	20	日本

2023年7月20日時点

日本もベスト20入りだ
2022W杯王者アルゼンチンがやはり1位だね

サッカーの世界的普及という建前と、本音がもたらすものは？

出場チームが32から48に拡大することで、アジアのようにFIFAランク下位地域でも大幅に枠が増えます。一方、欧州のようにイタリアが2大会連続予選敗退するほどの**上位地域からは順当に強豪国が出場でき、大陸間格差が拡大**するのは疑いないように思えます。

これはFIFAに言わせれば、サッカーの世界的普及という大

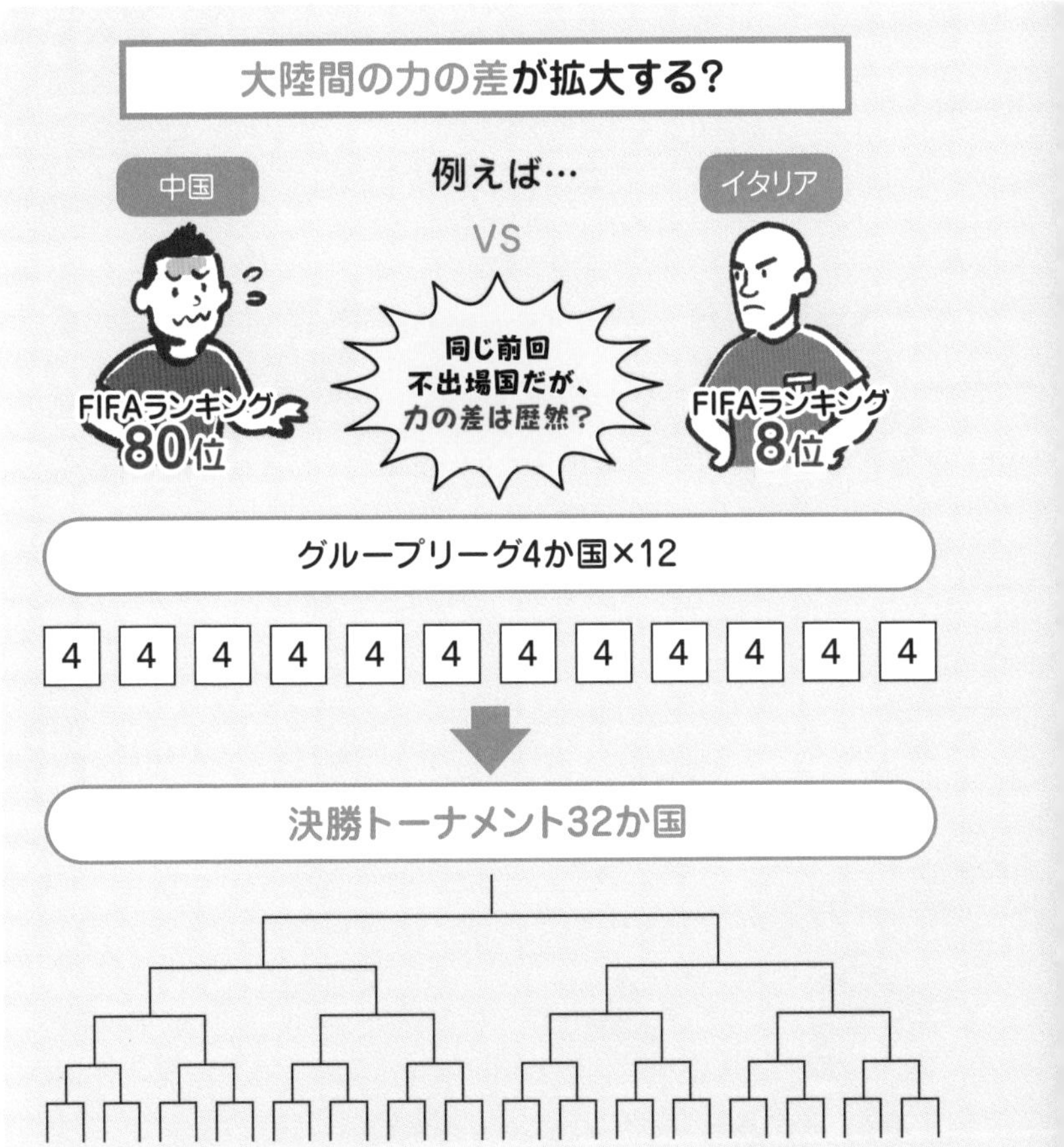

義名分があるのですが、実際はビジネスの巨大化が目的ともされます。特に経済大国・中国を取り込みいっそうの利益の拡大を目指しているとも言われます。

　その結果、世界最高のサッカーイベントであったW杯の価値が落ちると言われても仕方ないところです。ただ、強豪国がほぼ確実に出場できる点は評価できるでしょう。

　本大会はグループリーグ48チームのうち、32チームが決勝トーナメントに出場できます。後は一発勝負なので、ジャイアントキリングのような大きな波乱も考えられそうです。

Q3 question

日本サッカー協会（JFA）は どのぐらい儲けているの？

スポンサー収入に苦しむ
日本のスポーツ業界
ウクライナ情勢
コロナ禍
スポーツ業界が 苦戦している中で サッカーだけ 一人勝ち状態……

日本サッカー協会は いまや一人勝ち状態？

日本代表の活動だけでなく、Jリーグや女子サッカーなど日本のサッカー界全体を統括する日本サッカー協会。その経営実態を知らない方は多いと思います。スポンサー収入に苦しむ日本スポーツ界の中において「一人勝ち」と言われる日本サッカー協会は果たしてどれぐらい儲けているのでしょうか。

お先に！
日本サッカー協会の経常収益は日本野球機構の3倍！

日本サッカー協会は儲けているが、Jリーグは……

日本のサッカーを統轄する団体である日本サッカー協会（JFA）自体は、他の競技団体と比較すると確かに潤沢な資金がありますが、その傘下にあるJリーグの市場規模はP27で触れたように、日本野球機構（NPB）の1800億円と比較して、1200億円とその収入はNPBを下回っています。これはプロ野球の各球団の市場規模が、Jクラブの各クラブよりも大きいことに起因します。

各スポーツの収入規模

協会名	経常収益
日本サッカー協会（JFA）	167億円
日本野球機構（NPB）	53.8億円
日本バスケットボール協会	58.9億円
日本バレーボール協会	15億円
日本テニス協会	21億円
日本水泳連盟	16.9億円
日本卓球協会	12.0億円

（出典）2022年度の各協会資料より作成
※日本野球機構は2021年度の数値

A3
answer

日本サッカー協会の儲けはうなぎ登り状態になっている

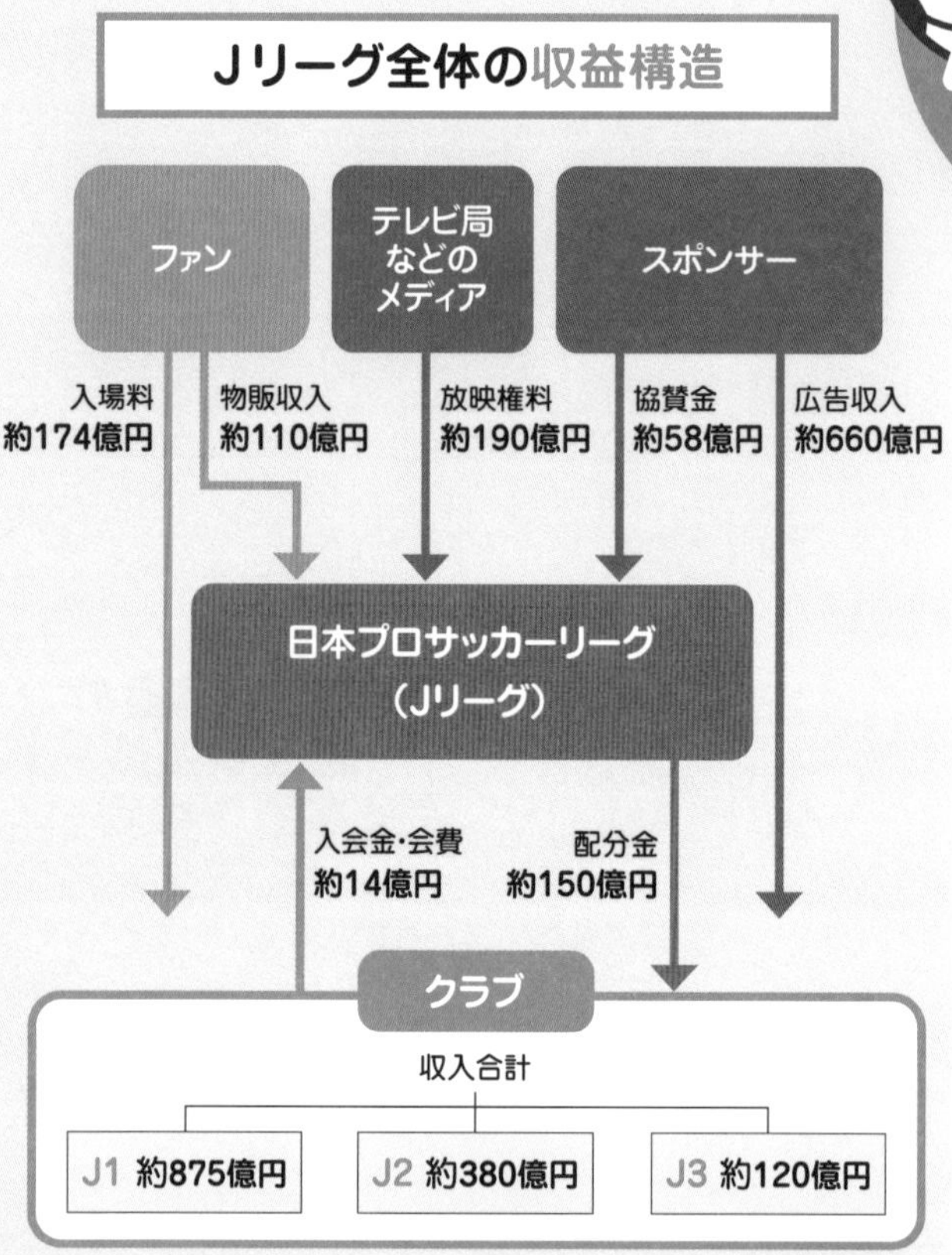

(出典)JFA各種資料より作成(2022年度)

日本サッカー協会の収益は日本代表の活躍とイコール

日本サッカー協会の２０２２年度の経常収益は約１６７億円で、そのうち大きな金額を占めているのが事業関連収益になっています。事業関連収益は約１５７億円で、その内訳は日本代表の協賛金収入やグッズ販売のライセンス収入です。代表関連事業収益は約50億円で、各日本代表の試合収入や入場料、さら

広告代理店と大型契約！

にテレビでの放送権料などです。

２０２２年、新型コロナウィルスの影響で48億円の赤字になりましたが、２０２３年に**日本サッカー協会は株式会社電通とＪＦＡパートナーシップ契約を結び、その金額は推定で８年総額３５０億円にのぼる**と言われています。アディダスジャパン株式会社とのオフィシャルサプライヤー契約も含めると、５００億円を超えるという見方もあるのです。この大型契約は、Ｗ杯の出場枠拡大によって日本代表が活躍する期待値が高まったことが大きく関係しています。

Q4
question

日本でまたW杯は開催できるの？

2018/2022年FIFAワールドカップ
日本招致構想年表

2005年	日本サッカー協会が「JFA2005年宣言」を発表
2009年1月	大会招致の意見表明書を国際サッカー連盟(FIFA)に送付
2009年9月	2018/2022年FIFAワールドカップ日本招致委員会を設立
2010年5月	2022年大会に絞って招致を行うと招致委員会が発表
2010年12月	2022年大会選考の投票が2回目で脱落

日韓ワールドカップ
以来の日本開催を
目指してがんばるぞ
2022

日韓W杯から20年超 次の開催はいつになる？

２００２年に日韓W杯が開催されてから20年超が経ちました。W杯の自国開催は、経済効果も高いことから、「２０１８／２０２２年ＦＩＦＡワールドカップ日本招致構想」として再度、日本に招致しようという試みがなされました。果たして今後、日本でW杯が開催される可能性はあるのでしょうか。

A4 answer

早ければ2034年だが 可能性は極めて低い

噂されている落選理由

ロビー活動の失敗
低予算によって日本国内で盛り上がらなかった
この予算ではムリ！
Low Budget
評価レポートが重要視されなかった

低予算が招いた悲劇 巨大市場に勝てるか？

　２００５年、日本サッカー協会は、ＪＦＡ２００５年宣言を発表し、その中で「２０５０年までにＦＩＦＡワールドカップを開催し、日本代表はその大会で優勝チームとなる」という目標を掲げました。２００９年には、２０１８／２０２２年ＦＩＦＡワールドカップ日本招致委員会を設立し、Ｗ杯の招致活動を始めましたが、失敗という結果に終わりました。

　その原因には、「ロビー活動に失

カタールW杯
ワーワー
W杯の経済効果で、停滞気味の中国経済を盛り上げるぞ！
習近平

最大のライバルは中国!!

GDP世界2位（18兆1000億ドル）、人口世界2位（14億2,570万人）の中国でW杯が開かれれば、中国国内だけでなく、世界中に大きな経済効果が波及すると考えられます。また、国の指導者（中国共産党）が強いリーダーシップをとることで、潤沢な招致費用を賄える中国は日本に対して大きなアドバンテージをもっていると思われます。しかし、逆に日中韓の共同開催の提案となれば、中国は日本の強力な味方になるでしょう。

敗した」といった意見もありますが、「東京五輪招致費用の約17分の1である9億円という低予算だった」ことが一番の原因として挙げられます。

日本が再度ワールドカップ開催国に立候補するにおいて、最大のライバルになるのは中国です。中国共産党の習近平総書記（国家主席）はサッカーファンとして知られ、自身の趣味を「中国の夢」として、国策としてサッカー振興を前面に打ち出しています。そうした習氏の意向と相まって、今やアメリカと並ぶ経済大国となった中国の巨大マーケットは、W杯開催の大きな追い風になっていると言えるでしょう。

Q5
question

日本代表強化のために、日本サッカー協会（JFA）とJクラブがやるべきこととは？

日本のW杯の成績

1998年	フランス大会	グループリーグ敗退
2002年	日韓大会	ベスト16
2006年	ドイツ大会	グループリーグ敗退
2010年	南アフリカ大会	ベスト16
2014年	ブラジル大会	グループリーグ敗退
2018年	ロシア大会	ベスト16
2022年	カタール大会	ベスト16

ドイツと
スペインには
勝ったんだけど

W杯でベスト8、最終的に優勝するためには？

2022W杯、日本はベスト16で8強になれずに終わりました。目標をクリアできなかったのです。それでも日本サッカーは進歩を遂げていると言えます。欧州クラブで数十人の選手が活躍し、JクラブはACLで優勝する。各年代代表ほぼすべてアジア予選を突破し、それ相応の成績を残している。若年層からの育成は成功しているように見えます。後はJFAが唱える2050年までのW杯優勝をするためにどうするかです。

2050年までにW杯優勝しなくてはダメだ
近くて遠いW杯ベスト8

Jリーグの盛り上がりが不可欠

日本代表を強くするには、日本サッカー協会ではなく、Jリーグ、そして、それよりもJリーグ各クラブのレベルアップや盛り上がりが不可欠です。

2022W杯決勝トーナメント、クロアチア戦PK戦敗退後

A5
answer

もっとサッカーの普及に努めることが必要

JFAが唱える、2050年W杯優勝などのためのJapan's Wayとは？

指導者育成
代表強化

普及
ユース育成

ナショナルアイデンティティをテーマに、日本ならではのサッカーを見出す

ポルトガルなどのように、ユース年代の大会で優勝した国はその後、黄金時代を迎える

まだ見ぬ夢のために
2050

W杯で優勝するために JFAが考案した Japan's Way

ＪＦＡは２０５０年のＷ杯優勝のための図案、Ｊａｐａｎ'ｓ Ｗａｙを提唱しています。優勝のためには、ナショナルアイデンティティを築くというものです。これは過去のＷ杯優勝国の多くが、その国独自のサッカースタイルを持っていたことに起因しており、日本も日本独自のサッカーを見出して優勝しようというものです。

しかし、Ｗ杯ベスト８や優勝とい

その他の強化案

- 単純に代表の強化費を上げる
- 育成年代の強化にももっとお金を使う
- 欧州CLに出る選手を輩出したJクラブに助成金を出す
  ➡Jクラブの活性化

うちが育てた選手だ
オレも続くぞ！

- 欧州で活躍できる監督、コーチを育成する試みをすること

日本のナショナルアイデンティティは外国人監督でも築けます
有名外国人監督
まだまだ日本人が知らないことがあるな

- 競技人口が世界で60位のデータあり。少子化もあり、ますます人口が減る。地道にすそ野を広げる努力を続ける
- リーグ戦を普及させ、実戦経験を増やす

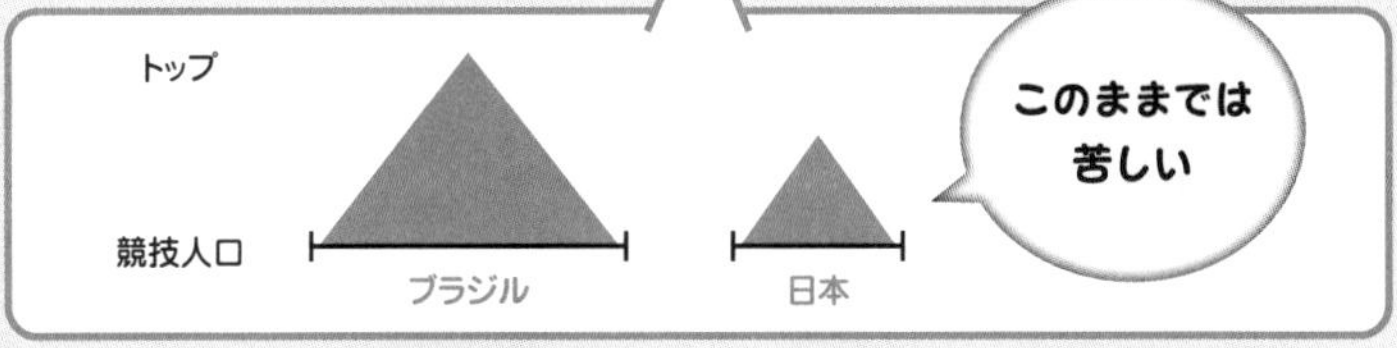
トップ
競技人口
ブラジル
日本
このままでは苦しい

う壁を越えるためには、そこに＋αが必要となるはずです。

現在、日本の選手育成は目覚ましい成長を遂げ、CLで活躍する選手が出てきました。次は指導者です。CLを指揮する日本人コーチ、日本人監督が出てくる時代が待たれます。日本人の欧州諸国の代表監督就任にも期待したいところです。そのためには、少子化の中で絶えず少年少女への普及活動を行い、全国津々浦々で選手を発掘し、サッカー好きを増やし続ける努力が必要です。また、安価にサッカーを視聴出来る環境を整え続ける事も重要となります。

そして、ノックアウト形式が多い大会をリーグ戦構造に変えて行くことも重要です。

Q6 question

日本のワールドカップの視聴率は？

サッカー以外の主なスポーツイベントの近年の視聴率

大会名	放送日	対戦カード	放送開始時間	番組平均世帯視聴率（%）
WBC（WORLD BASEBALL CLASSIC）	2023年3月16日	日本×イタリア（2次ラウンド）	19:09	48.0
	2023年3月11日	日本×チェコ（1次ラウンド）	19:09	43.1
	2023年3月22日	日本×アメリカ（決勝）	08:25	42.4
東京オリンピック開会式	2021年7月23日	–	19:56	56.4
箱根駅伝（第99回）復路	2023年1月3日	–	7:50	17.9
ラグビーW杯日本大会	2019年10月20日	日本×南アフリカ（決勝トーナメント1回戦）	19:10	41.6
ラグビーW杯日本大会	2019年10月13日	日本×スコットランド（予選リーグ）	19:30	39.2

ビデオリサーチの公開データより作成

やったー
同点よ
GOAL!

テレビ

普段サッカーを観ない人も熱狂させるW杯

W杯の時期になると、熱狂的なサポーターが渋谷の街に集結したり、スポーツバーで声援を送っていたりする様子が度々テレビなどで報道されています。4年に一度のサッカーの祭典は、普段サッカーを観ない人の関心も集める力を秘めているのです。

では、日本でのワールドカップの視聴率はどれくらいなのでしょうか。

視聴率だけでなく、放送時間にも注目！

スポーツ番組の視聴率ではコンテンツの注目度だけでなく、放送時間も重要なファクターになります。1日のうち特に視聴者の多い時間帯である「プライムタイム」と呼ばれる19～23時に放送が行われると、同じコンテンツでも時差の関係で、深夜～早朝に放送された場合よりも、視聴率は当然高くなります。一方、深夜～早朝の放送でも高い視聴率を叩き出せば、その番組のコンテンツの魅力はそれだけ高いことになります。

A6
answer

W杯の視聴率は、30%を超えることがほとんど!

サッカーW杯カタール大会の視聴率

放送日	対戦カード	放送開始時間	番組平均世帯視聴率(%)
2022年11月23日	日本×ドイツ(グループリーグ)	21:50	36.8
2022年11月27日	日本×コスタリカ(グループリーグ)	18:40	42.9
2022年12月2日	日本×スペイン(グループリーグ)	5:00(試合後半)	28.7
2022年12月5日	日本×クロアチア(決勝トーナメント1回戦)	23:40	34.6
2022年12月18日	アルゼンチン×フランス(決勝)	23:50	15.5

過去のW杯における日本戦の視聴率ベスト5

	大会名	放送日	対戦カード	放送開始時間	番組平均世帯視聴率(%)
1	日韓大会	2002年6月9日	日本×ロシア(グループリーグ)	20:00	66.1
2	フランス大会	1998年6月20日	日本×クロアチア(グループリーグ)	21:22	60.9
3	フランス大会	1998年6月14日	日本×アルゼンチン(グループリーグ)	21:22	60.5
4	日韓大会	2002年6月4日	日本×ベルギー	18:53	58.8
5	南アフリカ大会	2010年6月29日	日本×パラグアイ	22:40	57.3

ビデオリサーチの公開データより作成

日本戦はドル箱! 昨今はネット配信も

日本国内におけるW杯のテレビ視聴率は、時間帯によって異なるため、直近の２０２２年に開催されたカタール大会を見ていきましょう。

ビデオリサーチの調べによると、一番世帯視聴率が高かったのは、日本×コスタリカ戦で42・9%で、次に日本×ドイツ戦で36・8%でした。この２つは、２０２２年に放送された

FIFAワールドカップ2022カタール大会
ABEMA
全64試合
無料生中継
日本vsドイツ戦の
1日当たりの視聴者数は
1000万人を超えました
2002年には通信衛星（CS）有料放送のスカイパーフェクト・コミュニケーションズ（スカイパーフェクTV、スカパー）が全64試合を中継したが、メディアや技術の進歩により、W杯の視聴形態は日々変化を続けている。
放映権
約200億円

W杯の見方はテレビからネット配信に移行する？

番組の中で、1位と3位でもあります。決勝のアルゼンチン×フランス戦の世帯視聴率は15・5%で、日本戦と比べると大きく下がりますが、高い数字を誇っています。

また、近年はインターネット配信が普及しており、カタール大会をテレビで観た人が49%、ABEMAで視聴した人が18%だったことがMMD研究所の調査で明らかになりました。この数字を踏まえると、ビデオリサーチが発表した視聴率以上の人がW杯を観戦していたことになります。このようにW杯は、日本人にとっても注目度の高いイベントなのです。

Q7
question

ワールドカップの世界視聴者数は？

W杯の注目度は世界的に高まっている

前項で日本の視聴率を紹介しましたが、カタール大会の世界の視聴者数はどれくらいなのでしょうか。FIFAの発表によると、**特に視聴者数が多かったのがアルゼンチン×フランスの決勝戦で、全世界で約15億人が視聴しました。**

また、カタール大会の累計視聴者数は、すべてのプ

A7
answer

カタール大会の決勝戦は15億人が視聴！

カタール大会は
ここがすごかった!

新記録❶

2620億人がカタール大会を視聴

新記録❷

スタジアム入場者数が340万人に到達

ラットフォームを合わせると2620億人以上となり、新記録を樹立しました。

　さらに、カタール大会中のスタジアムの累計入場者数が、ロシア大会の300万人を上回る、約340万人に達し、こちらも新記録を打ち立てました。

　世界的なW杯の注目度は大会の度に高まっており、次大会でも新記録更新が期待されています。

日本サッカー界の持続的発展のために

監修：平田竹男より

私がＪＦＡの専務理事時代、サッカーの歴史の長い欧州や南米の協会とサッカーの発展を議論すると、勝利と資金だけの話題に終始しました。

ほとんどの国民がルールを理解し、プレー経験を有しています。また、テレビではサッカー中継が当たり前のように流れています。

しかし、野球が人気があり、プロサッカーの歴史の浅い日本では、勝利や資金はもちろん大切ですが、普及が欠かせません。

日本のサッカーの持続的発展のためにはこの勝利、普及、資金の3つの使命（トリプルミッション）が重要です。

普及を深く考えると、観るとするがあり、両方とも重要です。

強化のピラミッド型育成とは違い、普及を考えると年齢が上がるにつれサッカー好きが増える事が大切です。

サッカー大国として日本が輝くには、サッカーをプレーした男女が人口の何割いるか、自分はともかく子供や孫がプレーしたり、友人やパートナーを通じてサッカー好きになったりする……。ユースや高校、大学で選手をやめても、その後は審判やコーチになったり、メディアや弁護士、医者、そして、スポンサー企業に働く人も出る事でしょう。

選手だけではなくそれぞれのピラミッドに向かって行くのです。

これらの多くのピラミッドを足し合わせると逆台形になっていくのです。

この人々はサッカー界の大切な財産であり、このサッカー好きが堆積する逆台形モデルは、サッカーの普及に不可欠です。

様々なスポーツビジネスと選手経験

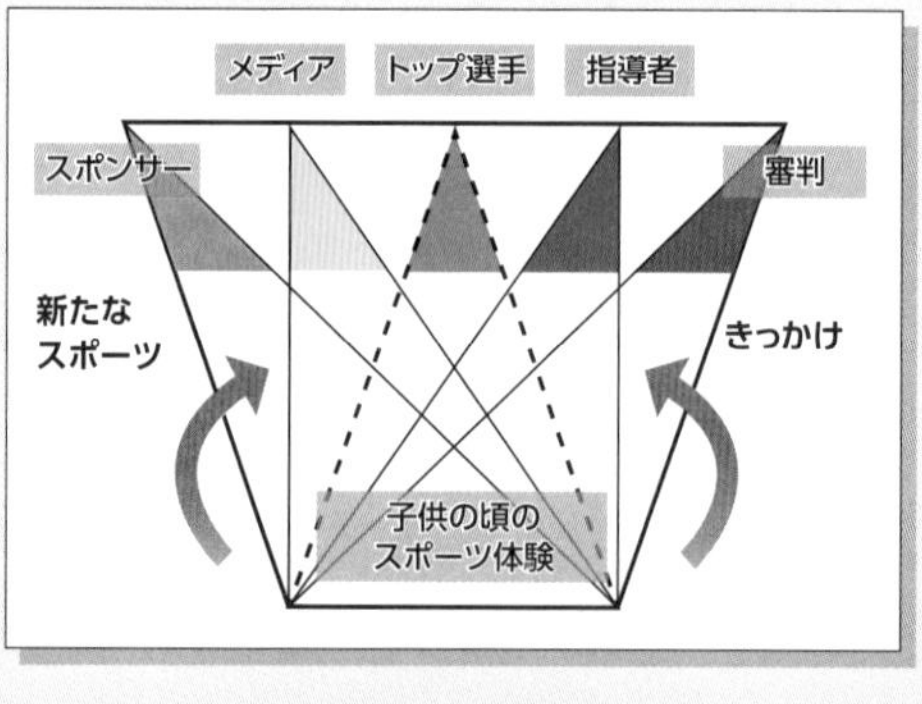

トリプルミッション

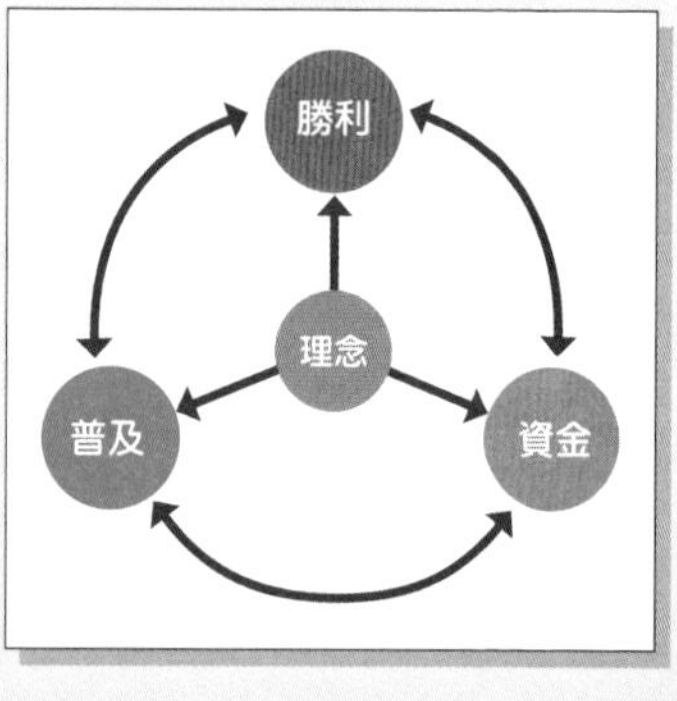

◆参考文献

『スポーツビジネス　最強の教科書』平田竹男（著）／東洋経済新報社

『サッカーの世紀』後藤 健生（著）／文春文庫

『世界サッカー紀行2022』後藤 健生（著）／文藝春秋

『サッカーの歴史』アルフレッド ヴァール（著）、大住 良之（監修）／創元社

『弱くても稼げます シン・サッカークラブ経営論』
小山淳（著）、入山章栄（著）、松田修一（著）、阿久津聡（著）／光文社

『マンガでよくわかる！スポーツビジネス入門』後藤 健生（著）／文春文庫

『サッカーの世紀』中村 武彦（著）／東洋館出版社

『サッカーとビジネスのプロが明かす育成の本質　才能が開花する環境のつくり方』
菊原志郎（著）、仲山進也（著）／徳間書店

『スポーツマネジメント入門　プロ野球とプロサッカーの経営学』
西崎信男（著）／税務経理協会

『サッカービジネスの基礎知識―「Jリーグ」の経営戦略とマネジメント』
広瀬 一郎（著）／東邦出版

◆参考ウェブサイト

Jリーグクラブ経営情報
https://aboutj.jleague.jp/corporate/management/club/

各Jクラブ公式サイト

FIFA FINANCIAL HIGHLIGHTS 2019-2022
https://publications.fifa.com/en/annual-report-2022/finances/2019-2022-cycle-in-review/2022-financial-highlights/

Deloitte Annual Review of Football Finance
https://www2.deloitte.com/uk/en/pages/press-releases/articles/european-football-market-contracts-for-first-time-in-over-a-decade.html

早稲田大学スポーツ科学学術院・平田竹男研究室ホームページ
https://www.waseda.jp/sem-hirata/kenkyuusitu.html

平田竹男（ひらた・たけお）

1960年大阪生まれ。横浜国立大学経営学部卒業、ハーバード大学J.F.ケネディスクール行政学修士、東京大学工学博士。1982年、通商産業省（現経済産業省）入省。 在ブラジル日本大使館一等書記官、通商政策局資金協力室等を歴任。 1989年よりプロリーグ化検討委員会に参加し、Jリーグ発足や、鹿島アントラーズの設立、ジーコ来日などに尽力。日本サッカー協会国際委員として、ワールドカップ日本招致にも携わる。資源エネルギー庁石油天然ガス課長を最後に転職し、2002年日本サッカー協会専務理事に就任。強豪国とのマッチメイクやリーグ形式の試合増、そして、なでしこジャパン誕生や女子サッカー、フットサルの普及に尽力。2006年からは早稲田大学大学院スポーツ科学研究科教授に就任。研究室の主な卒業生には桑田真澄、伊達公子、二所ノ関親方、青山学院大学原晋監督などがいる。サッカー関係では、クラブの経営者やオーナーが数名、日本代表経験者の相馬直樹、福西崇史、川口能活も卒業生である。主な著書に『スポーツビジネス　最強の教科書』、『世界資源エネルギー入門─主要国の基本戦略と未来地図』（共に東洋経済新報社）などがある。

サクッとわかる ビジネス教養　サッカーの経済学

2023年12月15日　初版発行

監修者　平田竹男
発行者　富永靖弘
印刷所　公和印刷株式会社

発行所　東京都台東区 台東２丁目24　株式会社　新星出版社
〒110－0016　☎03（3831）0743

ISBN978-4-405-12025-9